金师起点·超级讲师精品书系

/ 让感恩成为一种习惯 / 让报恩成为一种行动 /

中国财富出版社

图书在版编目（CIP）数据

感恩日志／边立国，王洪涛主编．—北京：中国财富出版社，2015. 11
（金师起点·超级讲师精品书系）
ISBN 978－7－5047－5777－7

Ⅰ. ①感… Ⅱ. ①边… ②王… Ⅲ. ①品德教育—中国—通俗读物 Ⅳ. ①D648－49

中国版本图书馆 CIP 数据核字（2015）第 178241 号

策划编辑 宋 宇 责任编辑 宋宪玲
责任印制 何崇杭 责任校对 饶莉莉 责任发行 敬 东

出版发行 中国财富出版社
社 址 北京市丰台区南四环西路 188 号 5 区 20 楼 邮政编码 100070
电 话 010－52227568（发行部） 010－52227588 转 307（总编室）
010－68589540（读者服务部） 010－52227588 转 305（质检部）
网 址 http://www.cfpress.com.cn
经 销 新华书店
印 刷 北京京都六环印刷厂
书 号 ISBN 978－7－5047－5777－7/D·0120
开 本 710mm×1000mm 1/16 版 次 2015 年 11 月第 1 版
印 张 10 印 次 2015 年 11 月第 1 次印刷
字 数 151 千字 定 价 32.00 元

感恩日志

让感恩成为一种习惯

让报恩成为一种行动

个人信息

姓名……………………………………

电话……………………………………

工作单位……………………………………

地址……………………………………

紧急联系人……………………………………

紧急联系人电话……………………………………

我/我们承诺创造一个感恩的世界！

——边立国　王洪涛（中国《感恩日志》发起人）

有一种感恩叫离开　落红不是无情物，化作春泥更护花

有一种感恩叫胸怀　沉舟侧畔千帆过，病树前头万木春

有一种感恩叫温暖　我只愿，面朝大海，春暖花开

有一种感恩叫守望 过尽千帆皆不是，余晖脉脉水悠悠

有一种感恩叫奉献 春蚕到死丝方尽，蜡炬成灰泪始干

有一种感恩叫祝福 莫愁前路无知己，天下谁人不识君

《感恩日志》使用方法

1. 人生中所有的能力都是训练出来的，感恩的能力也不例外；
2. 《感恩日志》不仅仅是一本书，更是一种训练感恩能力的工具；
3. 你可以不开始，一旦开始至少要坚持 108 天；
4. 每天坚持写一篇属于自己的《感恩日志》，切勿三天打鱼，两天晒网；
5. 语句无关华丽，字数无关多少，只要是发自内心的感恩即可；
6. 可以围绕一天当中遇到的人、发生的事和使用的物写作《感恩日志》。

每天坚持写《感恩日志》10 大好处

1. 训练个人的感恩能力，有利于身心成长；
2. 公司内部员工全体使用可以建立企业真正的感恩文化；
3. 家庭成员使用会有利于家人之间的交流，感恩之家必有幸福；
4. 焦点关注在美好的事物上，不会产生抱怨的心态；
5. 吸引更多的贵人和美好的事物来到你的身边；
6. 能更好地协调和处理人际关系；
7. 记录每天的点点滴滴，人生拥有更多美好的回忆；
8. 发自内心的感恩会增强自己的生命能量；
9. 可以让财富倍增，事业更成功；
10. 通过自己的变化来影响周围的人开始写感恩日志，让更多人受益，共同创造一个正能量的环境，实为一种积德行善、为后代纳福的行为。

成为一位感恩的人

“这是一个最好的时代，也是一个最坏的时代。”狄更斯说。

“今日的世界，西方文化的贡献促进了物质文明的发达，这在表面上看来，可以说是历史上最幸福的时代；但是人们为了生存的竞争而忙碌，为了战争的毁灭而惶恐，为了欲海的难填而烦恼，在精神上，也可以说是历史上最痛苦的时代。人是莫名其妙地被生下来，无可奈何地活着，最后是不知所以然地死掉。人类正面临着一个新的危机。”南怀瑾大师如是说。

我们正生活在危机中，每天匆匆忙忙地赶路却不知道自己追求的是什么，每天忙忙碌碌地生活却不知道自己想要的是什么，每天都随身携带各种面具去面对戴着不同面具的人们，于是你经常会感到无助、空虚、沮丧和忧郁。这些都让你心力交瘁、焦躁不安，让你的心灵无处安放。我们开始抱怨社会的不公，抱怨人情的冷淡，抱怨老板的苛刻要求，抱怨朋友的见利忘义，甚至开始抱怨环境的恶劣，抱怨天气的阴晴。那么，面对道德缺失、诚信难守、敬业不再、责任空谈，我们该如何自处？我们该如何渡过危机？唯有爱，唯有感恩，唯有从自我做起，心怀爱，心怀感恩，才能让我们内心平和，安然渡过危机！

在我们生活的环境中有一种看不见的能量，一直引导着整个宇宙规律性的运转。正是因为这种能量的作用，我们的地球才能够在46亿年的时间里保持着运转状态；也正是因为这种能量的作用，太阳系乃至整个宇宙中数以亿计的星球，能够在各自的轨道上正常运行。这种能量引导着宇宙中的一切事物，包括我们人

类。这种神奇的能量就是引力！

我们每一个人生活中所遇到的一切都是我们吸引来的。好运气是吸引来的，倒霉事也是吸引来的；遇到贵人是吸引来的，遭遇小人也是吸引来的；快乐的人吸引快乐的人，满腹牢骚的人吸引满腹牢骚的人；积极的人吸引积极的人，消极的人吸引消极的人。当你心中时刻充满感恩的时候，好运就会一点点地被吸引过来，美好的事情也会呈现在我们眼前。当一个人用心去感恩人或事的时候，抱怨心、悔恨心、后悔心皆无。感恩是宇宙中最强大的能量，感恩什么就会得到什么，感恩的越多，得到的就越多。

当我们坚持写 108 天的感恩日志以后，感恩的心智模式将存在于我们的潜意识当中，并逐步得到强化。我们不断地感恩每天发生在自己身上的一切的时候，我们将会获得强大的信念和发自内心的喜悦。我们会发现自己的人际关系越来越融洽，好事接二连三地发生，生命中的贵人一个接一个地出现，事业、生活和工作都得到了发展，影响力、感召力和人格魅力都得到了彰显。生命本身就是一个感恩的过程，起心动念，念念不忘，必得回响！

生活中，有太多的人和太多的事情值得我们去感恩，那些人我们可能叫不上他（她）们的名字，那些事情也许很小、很简单，却给我们带来了莫大的好处和便利。比如在城市迷路的时候，有人告诉我们如何去走；比如车子在路上坏了的时候，有人出手相助；比如在拥挤的公交车上，有人给我们腾出了一块可以下脚的地方……这些不都是我们应该感恩的事吗？做这些事的人不都是值得感谢的人吗？

所以，不要再抱怨这个世界冷漠了，不要再说什么人情冷暖了，这个世界的冷暖不在于外界，而在于自己的内心。这个世界不是缺少美，而是缺少发现美的眼睛，只要有一颗感恩的心，我们就会发现世界的美好！

从此刻开始，知道感恩；

从现在开始，学会感恩；

从当下开始，开始感恩。

感恩，是一种美德；

感恩，是一种力量；

感恩，是一种境界。

感恩，是值得用一生去创造的一次弥足珍贵的机遇；

感恩，是值得用一生去守候的一次震撼心灵的契约；

感恩，是值得用一生去完成的一次自我修炼的壮举。

感恩，让生活充满温馨；

感恩，让世界充满阳光；

……

让我们每个人都成为感恩的人！

让我们共同创造一个感恩的世界！

中国《感恩日志》发起人

目　录

感恩宣言

因为对生活的热爱与珍惜，
因为对生命的尊重与敬畏，
我庄重宣言：
我感恩，就在今天，
感恩天地万物的教化和滋养，
给我们阳光、空气、水和食物，
在这宇宙和天地间，
我学会了谦卑和尊重，
我看到了自己是如此的渺小和平凡，
感恩天地万物的包容和陪伴，
感恩这世界上千百万种的植物花草，
是你陪我走过冬夏，走过春秋，
感恩这世上所有可爱的动物们，
我知道，
你们的生命同样的美丽又庄严，
我选择不伤害你们，
是因为我对自己的尊重，
是因为我对人性的敬仰，

我知道，每一个生命都是神圣而不可侵犯的。
我感恩，就在今天，
感恩国家、民族、社会，
让我们有寄托，有归属，有安全感。
当地球的另一半，
有婴儿在炮火中哭泣的时候，
而我的孩子，
有一个宁静而温暖的摇篮。
我感恩，就在今天，
感恩世世代代的祖先，
是你们把生命不断繁衍，
是你们让文明薪火相传，
我深深地知道，
那过程有多么的难，
我经常在历史的画卷里，
翻看你们的故事多少离合，多少悲欢，
我经常在诗书的典籍中，
追寻你们的足迹历经千遍、历经万遍，
我感恩，就在今天，
感恩天下所有的父亲、母亲，
感恩你们从小把我们哺育、陪伴，
感恩你们像大地、像苍天，
感恩你们总是把我们放在心间，
你们是我生命的源泉，
你们的爱是我生命之舟扬起的帆，

在你们爱与祝福的目光里，
我扬帆出海，去领略生命的广博与浩瀚，
你们永远是我的灯塔，是我的蓝天。
我感恩，就在今天，
感恩我生命中所有的老师，
感恩老师的谆谆教诲和不厌其烦。
“春蚕到死丝方尽，蜡炬成灰泪始干”，
每一次我生命的成长和蜕变，
都铭刻着“师恩难忘”如海如山。
我感恩，就在今天，
感恩我亲密的爱人，
你让我的人生有了最深刻的回忆和体验。
感恩我可爱的孩子，
你让我感受到了为人父母的喜悦和灿烂。
感恩我亲爱的朋友，
你们让我在滚滚红尘中不再寂寞和孤单。
我感恩，就在今天，
我感恩过去，
也感恩明天，
我感恩走过的每一段路，相遇的每一份缘，
也感恩每一个心灵和每一张笑脸。
无论未来的路有多长，有多远，
我都会带上这颗虔诚的感恩之心，
上路！
一路感恩，

是我最大的心愿！

我感恩，就在今天！

我感恩，就在今天！！

我感恩，就在今天！！！

感恩节的由来

每年 11 月的第四个星期四是感恩节。

感恩节是美国人民独创的一个古老节日，也是美国人合家欢聚的节日。感恩节是美国国定假日中最地道、最美国式的节日，它和美国早期历史密切相关。

1620 年 9 月，102 名不堪忍受英国国内宗教迫害的清教徒在领袖布雷德福的带领下，登上了名为“五月花号”的木制帆船。他们怀着美好的憧憬，开始了哥伦布式的冒险航行，去美洲寻求宗教自由。他们在海上颠簸了两个月之后，终于在酷寒的11月里，在马萨诸塞州的普利茅斯登陆。然而第一个冬天并不好过，从大西洋上吹来的凛冽寒风和漫天的冰雪让初来乍到的他们措手不及。恶劣环境加上缺少必要的装备，不少人病倒了，接踵而来的传染病又夺去许多人的生命。冬天过后，历经千辛万苦到达美洲的移民只有50人幸存。就在这危机时刻，心地善良的印第安人发现了他们，给他们送来了很多生活必需品，还特意派人教他们如何狩猎、捕鱼、耕种及饲养火鸡。活下来的人们在第一个春季，即1621年开始播种。在印第安人的帮助下，这一年的秋天，他们获得了大丰收；11月底，移民们一连举行了三天盛大的狂欢庆祝活动，他们要感谢上帝的恩赐及印第安人的无私帮助。就这样第一批来自英国的清教徒移民终于在这块殖民地上站住了脚，开始了他们新的生活。

从此，这一习俗就延续下来，并逐渐风行各地。在北美十三州统一时，首任总统华盛顿把感恩节设定为全国性节日，但由各州决定自己的庆祝时间，直到1863年林肯总统才确定每年11月的第四个星期四作为感恩节的固定庆祝日。届时，家家团聚，举国同庆，其盛大、热烈的情形不亚于中国人过春节。

12 星座最需要感恩谁

白羊座（3. 21—4. 20）——对手

白羊座有着耀眼的独特魅力，不服输，好冒险，天不怕，地不怕，需要足够的压力才激发出内心强大的动力。所以，白羊座最该感恩的就是对手。因为挑战，他们努力增强自己的实力；因为竞争，他们的战斗力十足。排除万难，不到黄河不死心，不断地寻求创新，赶超对手的同时，白羊座也在超越自己。

金牛座（4. 21—5. 21）——老师

金牛座属于大器晚成型，他们的能量只有在积聚到足以对抗任何问题时，才会爆发出来。所以，金牛座最该感恩的人就是无私传授知识、耐心讲解道理的老师，是老师让他们的能量足够强大。不管是课堂上的老师，还是生活中的教练，只要是教导过自己的，金牛座都会铭记于心。

双子座（5. 22—6. 21）——支持者

双子座有着典型的一体两面个性，动与静，积极与消极，他们随时在变化，常常同一时间做几件事情。在这漫漫的人生旅程中，支持者成了双子座最应该感恩的人，肯定与赞美的话语转换成了动力，让双子座不至于半途而废，而是直奔胜利的彼岸，坚持到底，直到成功。

 巨蟹座（6. 22—7. 23）——家人

天生就带有母性的慈善光辉的巨蟹座，虽有坚硬的外壳，却有柔软的内心，所以他们是非常需要关心与爱护的星座，能让他们在人生的旅途上找到安全感的家人，就是巨蟹座最该感恩的人。作为坚强的后盾，受伤时能得到安慰，失败时能得到鼓励。在属于自己的家庭怀抱中，不需要隐藏眼泪，而是感受最温暖人心的微笑。

 狮子座（7. 24—8. 23）——自己

如果说阳刚而自大的狮子座有最该感恩的人，那就一定是自己。他们是具有超级权威感与支配能力的星座，做事相当独立，光明磊落，只相信自己。用狮子座的话说就是，看重自己才会得到别人的重视，无论是收获成功还是面对挫折，都需要自己去体会，去跨越，也只有依靠自己才会有真正的幸福。

 处女座（8. 24—9. 23）——包容自己的人

处女座细心而谨慎，视完美为一切的最终目标，却有些不自信，担心自己做得不够好，太过尖锐的批评只会打击处女座脆弱的自信心。所以，他们应该感恩那些愿意包容自己的人，小小的鼓励就能打消掉他们的忧虑，也就可以用轻松的心态面对以后更多的困难。

 天秤座（9. 24—10. 23）——同学、同事

天秤座是特别害怕寂寞的，空虚在他们看来就是一种煎熬，为了摆脱无助的气氛，热闹的地方成了天秤座最喜欢的去处，所以在组成热闹氛围的因素中，人

又是必不可少的，所以天秤座最该感恩的就是一直陪伴在左右的同学或同事。有了他们在身边，天秤座就不会感到孤单，也不会为是向前走还是向后退而苦恼，因为有人会为自己做决定。

天蝎座（10.24—11.22）——伤害过自己的人

天蝎座是极端的，也是自我的，喜欢就是喜欢，讨厌就是讨厌，几乎不会勉强自己的感情。他们的占有欲非常强，对在乎的人可以无条件地奉献，直到被无情地伤害至心痛才恍然大悟，原来一味地付出根本没必要，拥有也不一定就是幸福，真的应该感恩那些伤害过自己的人，让天蝎座明白了什么才是自己值得去珍惜的。

射手座（11.23—12.22）——带给自己快乐的人

对于不喜欢受到任何约束的射手座来说，自由和愉悦的心情是最重要的，是向前的资本，也是生命值得纪念的痕迹。一个人的快乐是有限的，而那些能够带给自己快乐的人则是射手座最应该感恩的人，不管是一起热情地追逐，还是共同感受唯美浪漫，不一样的快乐让射手座体会到了不一样的惊喜。

摩羯座（12.23—1.21）——父母

要问这个世界上谁的爱是最无私的，答案只有一个，那就是父母。个性大都保守、十分谨慎、脚踏实地、认真生活的摩羯座，最该感恩的就是给予自己生命，养育自己长大、宠爱自己的父母，因为他们，摩羯座体会到了酸甜苦辣的滋味，也能有机会感受成功的喜悦、爱情的甜蜜，走完人生的每个篇章，感叹生命的伟大。

水瓶座（1.22—2.19）——朋友

友情在水瓶座的心中占据着一个重要的位置，不容改变，也不会动摇。在遇到困难时，朋友会毫不吝啬地提供帮助，在面临不易选择的问题时，朋友也会帮着分析研究，有朋友在的日子，孤独的感觉从未光顾，忧愁可以分担，快乐也能分享，朋友理所当然地成了水瓶座最该感恩的对象。

双鱼座（2.20—3.20）——另一半

爱情之所以为爱情，那是因为它让经历其中的人发现生命的另一种意义，让还未尝试的人有了可以期待的理想。天生仁慈怜悯、多愁善感、柔情似水的双鱼座在爱情里找到了梦境的真实写照。虽然有时会伴有泪水，会有些失望，甚至有的没有想象中的幸福结局，但双鱼座还是应该好好感恩生命中的另一半，至少圆了自己人生最重要的梦想。

人生必报十大恩

一、父母养育之恩

十月怀胎，一朝分娩，精心喂养，呕心沥血，养育成人，望子成龙，极尽财力精力。儿行千里母担忧，冷暖成败均在父母惦记之中。父母大恩终身当报，切莫做不肖子孙。

二、遇险救命之恩

天有不测风云，遇险时的救命恩人，无论是遭遇意外风险、疾病风险，还是危及生命的天灾人祸，对救命恩人都应终身相报。

三、良师培养之恩

一个人所受的教育，从启蒙开始，教师的作用是巨大的，有时甚至是决定性的。无论我们学文习武，还是在各行各业工作，如遇良师引导，将终身受益。师恩当衔环相报。

四、伯乐推荐之恩

被人发现，被人推荐，使自己无法展示的才能大放光辉，有功于人类。发现自己才能的伯乐有大恩于己。

五、指点迷津之恩

小至迷路、学无方向、课题阻滞，大至人生迷向，若有人给予指点，施以思想火花，定会茅塞顿开，端正方向，避免走上歧途、陷入绝境，从而前途一片光明。指点迷津之恩当加倍相报。

六、急难相助之恩

遭遇急难之事，处于绝境，有人倾囊相助，使己绝处逢生，此恩莫大焉！

七、上司提携之恩

开明上司不嫉能、不妒贤，关键时刻提拔，得以大展宏图。此恩不可忘却。

八、夫妻体贴之恩

夫妻本是同命鸟，大难来时互扶持。每个成功的人士，都离不开另一半的支持和奉献。夫妻共同经营家庭，生儿育女，赡老哺幼，同甘共苦。一日夫妻百日恩，夫妻之恩切莫被功利社会之俗所吞。

九、兄弟手足之恩

兄弟如手足，同是父母的血脉，同是父母基因遗传，同一家庭成长，同是父母的希望。同样的亲情，同一个根。被钱、权、利、色毁灭的手足情虽是极个别现象，不可不引以为戒。兄弟情深，手足之恩。

十、天地精微之恩

人在天地之间，衣食靠天地之精华，使之健壮成长，享度一生。应报天地之恩，爱护环境，保护环境，创造良好环境。

表达感恩的十种绝佳方法

方法一：创造一种感激的固定程序

就如我每天晚上在睡觉之前都会写一篇《感恩日志》，记录当天值得感恩的人、事、物，这样每天都可以心怀感恩地进入梦乡。也可以每天抽出一定的时间，闭上双眼，花上几分钟去想想值得感恩的事情、值得感恩的人。

方法二：送出一张致谢小条

当你做完一点好事后收到一张致谢小条是挺美的享受。你不需要非得送一张正儿八经的致谢卡，只是小小一张对别人热心相助的致谢便条（或者邮件）便能起到很大作用，而这只需要一分钟！

方法三：一个真诚的拥抱

如果你有爱的人，请别吝啬给他们一个拥抱！我们常常不会轻易对我们身边的人流露感情，甚至是和我们最亲近的人。但请别忽视了维持关系的这一重要部分。所谓真诚的拥抱，即使把它当作感激的礼物，而不要期待任何回报。

方法四：感恩今日

你甚至不用感谢特定的某个人，你可以感谢生命本身！每当你醒来时，怀着

感恩的心迎接新一天的到来，感谢你还活着！在一篇著名的感恩祈文上写着：每天当你醒来时就想想，今天我幸运地醒来，我还活着，我拥有宝贵的生命并将不会虚度年华。我将用全部的力量去提升自己，向别人敞开心扉，感化众生，以善待人，不迁怒，不把人往坏处想，而要尽我所能地使人人受益。

方法五：出手相帮

多做善事，不要期待任何回报，哪怕是微不足道的事情。为人递上一杯饮料或咖啡，做一些零星杂务，为别人提供一份差事，等等。真的，想想那人喜欢什么，想要什么或者需要什么，然后去帮助他们，哪怕事情再小也没有关系。行动胜于雄辩，多做善事比空口说话更能表露你的感激之心。

方法六：送一个小礼物

送礼物给朋友，有时候不需要很高档或者很昂贵，一件小小的礼物也可以令对方高兴不已。千里送鹅毛，礼轻情意重。如果方便的话，可以亲手制作一个小礼物送给朋友，这样更有意义，而且是独一无二的。

方法七：送给对方一张感谢清单

送给对方一张列有他们对你的帮助的感谢清单。花上 5 ~ 10 分钟的时间写上你感谢某人的 10 ~ 50 个理由，或者他们为你做过的不胜感激事情。

方法八：公开答谢

谁不喜欢公开的赞扬呢？找个公开的方式宣扬某人的贡献并表达你的感激，可以是在你的办公室，在朋友家或是自己家里，在博客上或是当地的报纸上发表感谢的文章。

方法九：恰当的给予他们惊喜

通常来说，这与方法五最相近，但它更注重的是给人以惊喜。小小的惊喜细节能带来很大的不同。当你的妻子下班回家，记得准备好一顿温馨的晚餐。当你的妈妈早上走出家门的时候，让她看到自己的车子焕然一新。当你的女儿打开她的午餐盒时，能够看到一张你在等她的爱心小纸条。如此种种，你知道怎么做了吧。

方法十：即使别人帮不了忙也要向对方致谢

事实上这是最难的一部分。当事情搞砸时，当我们不开心时，当人们针对我们时，当我们被每天繁杂的日常琐事压得喘不过气来时，我们就懒得去感恩、去答谢了。但事实是，这往往是最紧要的关头。如果你已经做到了以上九条，那你就完全可以做到这一条。

感恩，铭记于心：

在心上写下感恩的人的名字！

感恩故事

感恩故事1

有一个小女孩，每天晚上睡前都要回忆自己一天来所经历的人和事，并在心中默默地感谢三个人或三件事。当然，这个任务是妈妈安排给她的，因为妈妈想要女儿从小就学会看到人生中美好的一切，并真心地感恩。

一天晚上，小女孩躺在床上，不知道在想什么，妈妈就问她。女儿为难地告诉妈妈，今天她要感谢为自己剪指甲的奶奶，为她上课的老师，可是，还需要一件事需要感谢，想来想去也不知道该感谢什么。

妈妈看到可爱的女儿，建议她说："只要让你快乐高兴的事都值得去感激。"女儿看着妈妈，脸上露出了笑容。她说："妈妈种的茉莉花开了，这令我很开心！茉莉花那么香，那么美，我要谢谢花开了！"

妈妈微笑着向女儿点了点头。

今日感恩

感恩日志第___天　　　|人|事|物|

签名：

年　月　日

感恩故事 2

有一回，著名表演大师勘弥在一部戏里扮演古代一位徒步旅行的百姓，正当他要上场时，一个门生提醒他说：

“师傅，你的草鞋带松了。”

他回了一声“谢谢你”，然后立刻蹲下，系紧了鞋带。

当他走到门生看不到的舞台入口处时，却又蹲下，把刚刚系紧的鞋带又弄松。显然他想以松垮的草鞋带子来表现一个长途旅行者的疲惫。有位记者到后台采访，亲眼看到了这一幕，他问勘弥：“您为什么不当场教那位门生呢？他还不懂演戏的真谛。”

勘弥答道：“要教门生演戏的技能，机会多的是。在今天的场合，最要紧的是教导他学会感激别人对自己的关心。”

今日感恩

|人|事|物|　　　　感恩日志第___天

签名：

年　月　日

感恩故事3

有一位单身女子刚搬了家，她发现隔壁住了一户穷人家，一个寡妇与两个小孩子相依为命。

有一天晚上，那一带忽然停了电，那位女子只好自己点起了蜡烛。没一会儿，忽然听到有人敲门。原来是隔壁邻居的小孩子，只见他紧张地问：

“阿姨，请问你家有蜡烛吗?”

女子心想：他们家竟穷到连蜡烛都没有吗？千万别借他们，免得被他们依赖了！

于是，对孩子吼了一声说：“没有！”正当她准备关上门时，那穷小孩展开关爱的笑容说：“我就知道你家一定没有！”说完，竟从怀里拿出两根蜡烛，说：“妈妈和我怕你一个人住又没有蜡烛，所以让我带两根来送你。”

此刻女子自责、感动得热泪盈眶，将那小孩子紧紧地拥在怀里。

今日感恩

感恩日志第___天　　|人|事|物|

签名：

年　月　日

感恩故事4

曾有一个佛陀，乘船渡江，不想风大浪高，把船打翻了。

佛陀像一片树叶般在江中沉浮了许久，才筋疲力尽地爬上岸来。到了岸边的第一件事，他不是责骂船家的无能让他丢失随身携带的一切，也不是诅咒恶风险浪差点要了他的命，而是跪在沙滩上遥拜师父："谢谢师父！"

有人不解地问："你为什么不谢谢菩萨？"佛陀说："原来我并不喜欢游泳的，都是师父每次强把我拉入水中，教我学会的。不是师父，我命今日休矣！"

佛陀遇了难，不是责备任何一个人，而是心存感激，人生达到了如此的超然境界，遇事如此的豁然通达，在这个世界上，还有什么事情能让他痛苦和愤恨的呢？

今日感恩

|人|事|物|　　　　感恩日志第___天

签名：

年　月　日

感恩故事 5

著名网球明星阿瑟·阿什是美国网球历史上第一位黑人冠军，曾三次获得大满贯冠军、两度排名世界第一。他因一次输血而感染艾滋病。患病期间，无数球迷为他的遭遇叹惋，其中有一位球迷叹道："为什么上帝对你如此不公，让你染上这样的病?"

阿瑟·阿什听后，娓娓道来："全世界有 5000 万孩子喜欢网球，有 500 万人在学习网球，有 50 万人在打职业网球，能参加巡回赛的有 5 万人，能参加大满贯赛事的是 5000 名，而在温布尔登网球公开赛上露脸只有 50 名，闯入半决赛的是 4 名，冠军争夺战最终在两名选手之间展开。所以，当我终于过关斩将、手捧金杯时，我感谢上帝，同时也感谢自己。因为我相信事在人为，个人成就的获得不是偶然的，有拼搏才会有一切。当不幸来临时，我，我们只能面对。"

今日感恩

感恩日志第___天　　　　人｜事｜物

签名：

年　月　日

感恩故事 6

一个暖融融的午后，母亲抱着虚弱的小海蕾，远眺在草坪上嬉戏的孩子们。小海蕾与孩子们年龄相仿，本应是他们中的一员，但是她不能，因为她太“小”了。小海蕾问母亲为什么自己和别人不同？母亲说：“上帝不小心犯了个错，或许是他太想早点看到你可爱的容貌了，所以迫不及待地让你早产了。”

几年前，小海蕾仅在母体中孕育23周就仓促出世。她的体重仅为709克，只有肺部发育完整，被称作“拇指婴儿”。医生非常难过地告诉她的父母：“你们的女儿最多只能存活几个小时。”

母亲泪如雨下：“求您了医生，看在上帝的份上，救救她吧！你看她长得多漂亮，救救她吧！”为了挽救这条脆弱的小生命，父母不分昼夜地守候在病床边，整整坚持了16个星期，全体医务人员也不遗余力地奋力抢救。奇迹诞生了，小海蕾活了下来。

今日感恩

|人|事|物|　　感恩日志第___天

签名：

年　月　日

心中常存感恩，心路才能越走越宽！

当小海蕾渐渐长大，她也慢慢意识到了自己与小伙伴的“差距”。她发脾气，闹情绪，甚至不想活了，任凭谁劝都没有用。

母亲说了一句话，让她彻底安静下来：“你不能用上帝的错误惩罚你自己以及爱你的人！你知道吗？为了让你活下来，16 个星期里没有人休息，大家都顾不上吃饭，医生们没日没夜地抢救你。你的每一丝安危都牵动了所有人的心……你必须带着感恩的心好好地活下去，只有这样才能安慰所有的人，包括一时疏忽的上帝。”小海蕾听得泪光盈盈。

她开始喜欢看书，开始锻炼身体，开始每天微笑着面对冉冉升起的太阳。她给受伤的小动物包扎伤口，她为远在非洲的贫苦小朋友捐去了所有零花钱，她替出差在外的邻居浇灌花草……每一天，她都觉得自己很快乐，因为她帮助过别人。

❤ ❤ ❤ ❤

今日感恩

感恩日志第___天

|人|事|物|

签名：

年　月　日

不经意间，小海蕾的身高体重已经和普通孩子无异，情况似乎越来越好。怀着忐忑的心情，父母带她到医院做了一次全面检查。又一个奇迹发生了！经过检查，她的健康状况竟然完全恢复了正常。父母喜极而泣。

小海蕾兴奋地说："妈妈，你是对的，用感恩的心好好活着，上帝也会被感动，他纠正了自己的错误。"

如今，海蕾已经出落成一位亭亭玉立的阳光少女。与同龄孩子一样，她憧憬着更加美好的未来。不一样的是，由于不同寻常的成长经历，她已是家喻户晓的名人。但是，她永远也不会忘记医院的恩情。每一年的生日来临之际，她都要在父母的陪伴下，来到当年住过的新生儿特护病房，向医护人员由衷地表达感激之情。

在医院一面贴满照片的"奇迹墙"上，她的照片赫然在列。留言本上，她写下了这样一句话：

用感恩的心好好活着，上帝也会被感动，奇迹就会发生！

今日感恩

|人|事|物|　　　　感恩日志第___天

签名：

年　月　日

感恩故事 7

有一则犹太故事说：有一天，有人问一位老先生，太阳和月亮哪个重要？那位老先生想了半天，回答道："是月亮，月亮比较重要。"

"为什么？"

"因为月亮是在夜晚发光，那是我们最需要光亮的时候。而白天已经够亮了，太阳却在那时候照耀。"

你或许会笑这位老先生糊涂，但你不觉得很多人也是这样吗？

每天照顾你的人，你从不觉得有什么，若是陌生人这样对你，你就认为他人真好；你的父母、配偶一直付出，你总觉得理所当然，一旦外人为你做出类似行为，你就受宠若惊（其实就是"受惊若宠"），你就会很感激。这不是跟"感激月亮，否定太阳"一样糊涂吗？

❤ ❤ ❤ ❤

今日感恩

感恩日志第___天　　　　人｜事｜物

签名：

年　月　日

感恩故事 8

曾经有两个人在沙漠中行走，他们是很要好的朋友。在途中不知道什么原因，他们吵了一架。其中一个人打了另一个人一巴掌，被打的人很伤心，于是他就在沙里写道："今天我朋友打了我一巴掌。"写完后，他们继续行走。他们来到一块沼泽地里，之前被打的人不小心踩到沼泽里面，另一个人不惜一切地去救他，最后他得救了。他很高兴，于是拿了一块石头，在上面刻道："今天我朋友救了我一命。"

朋友一头雾水，奇怪地问："为什么我打了你一巴掌，你把它写在沙里，而我救了你一命，你却把它刻在石头上呢？"那个人笑了笑，回答道："当别人对我有误会或者有什么对我不好的事，就应该把它记在最容易遗忘、最容易消失不见的地方，由风负责把它抹掉；而当朋友有恩于我或者对我很好的话，就应该把它记在最不容易消失的地方，尽管受到风吹雨打也不会磨灭。"

今日感恩

|人|事|物|　　　　感恩日志第___天

签名：

年　月　日

感恩故事 9

冯玉祥不仅是一位著名的爱国将领，还是一个有名的大孝子。

冯玉祥将军一生对母亲非常孝顺，母亲病故之后，他痛苦伤心地大病了一场。从此以后，每逢自己过生日便闭门谢客，不吃饭，有时实在饿得头昏心慌也只在晚上吃一顿饭，以此来纪念母亲的生养之恩。1945 年，他写了一首名为《十月怀胎》的悼母诗：

娘怀儿一个月不知不觉/娘怀儿两个月才知其情/娘怀儿三个月饮食无味/娘怀儿四个月四肢无力/娘怀儿五个月头晕目眩/娘怀儿六个月身重如山/娘怀儿七个月提心吊胆/娘怀儿八个月不敢笑谈/娘怀儿九个月寸步艰难/娘怀儿十个月才到世间。

为了将这首悼母诗“铭刻在心，永世不忘”，冯玉祥将军请人把诗特意刻在石碑上。这首诗情真意切，通俗纯朴，字字句句洋溢着一片敬母、爱母、惜母之情，感人肺腑，令人敬佩，给人教诲，至今仍广为流传。

今日感恩

感恩日志第___天　　　　人 | 事 | 物

签名：

年　月　日

感恩故事 10

淮阴侯韩信，出身贫寒。由于家境困难，少年时常常向人乞讨求食，一般人都讨厌他。韩信走投无路，只好在下邳以钓鱼为生，钓鱼所得无几，他一直过着半饥半饱的生活。就在韩信钓鱼的地方，平时经常有许多妇女在那儿漂洗棉纱，其中有位妇女看到年轻的韩信面露饥色，钓鱼之余还坚持读书习武，因此十分同情他，常把自己带来的饭菜匀给韩信。接连数十天，天天如此，韩信深受感动。

一天，他对漂母说，以后一旦发迹，定当重重酬报。谁知漂母非常生气，说："你堂堂男子汉，竟然自己都不能养活自己，我是可怜你才周济你的，难道是图你日后的报答吗？我只希望你奋发图强，日后能成为有出息的人。"

十多年后，韩信果然有了施展才能的机会，辅助刘邦打败了项羽，建立了汉朝。后来韩信又回到下邳寻找漂母，最后以千金相赠。

今日感恩

|人|事|物|　　　　感恩日志第___天

签名：

年　月　日

感恩故事 11

《左传·宣公十五年》载：春秋时晋国大夫魏武子有宠妾，无子。魏武子生病时，嘱咐儿子魏颗说，将来让她改嫁；及至病危，又说，将来让她给我殉葬。魏武子死了，魏颗说，人到病危，思维就会混乱，我应该听从父亲清醒时的命令。于是让这个妾改嫁了。

公元前 594 年 7 月，秦桓公出兵伐晋，晋军和秦兵在晋地辅氏（今陕西省大荔县）交战，晋将魏颗与秦将杜回相遇，二人厮杀在一起，正在难分难解之际，看到一老人在结草绊住杜回，因而使魏颗获胜。夜间魏颗梦见老人对他说："我是你让她改嫁的那女子的父亲，感谢你的恩德，所以来报答你。"

后来就把"结草"用作受恩深重、生死图报的典故。

生当陨首，死当结草，死而有知，结草以报。

今日感恩

感恩日志第___天　　　　|人|事|物|

签名：

年　月　日

感恩故事 12

海伦·凯勒出生时十分健康，但是在她 19 个月大时却患了急性脑充血而引起高烧，结果这场病使她失明和失聪了。这命运的厄困使海伦·凯勒变得异常暴躁，她的父亲和母亲十分担忧，在她 6 岁时，在其家庭医生的协助下，他们找来了柏金斯盲人学校的莎莉文老师作为海伦·凯勒的启蒙导师。

莎莉文老师首先了解海伦·凯勒的脾性，与她建立互信的关系，再耐心地教海伦·凯勒手语，让她能与别人沟通。其后再教导海伦·凯勒用手指点字以及基本的生活礼仪。在经过一番训练后，海伦·凯勒的父母在她 10 岁时聘请了霍勒斯曼学校的莎拉·傅乐瓦老师教导其说话，而海伦·凯勒最终亦学会了说话。对于一个失明和失聪的人来说，这是十分艰难的事情。结果就在父母和莎莉文老师的悉心教导下，海伦·凯勒对世界改观，开始努力向学，认真做人。

今日感恩

|人|事|物|

感恩日志第___天

签名：

年　月　日

1898 年，海伦·凯勒考入了哈佛大学附属剑桥女子学校。1900 年秋，再考进哈佛大学的雷地克里夫学院，这对于一个失明和失聪的人而言，简直是奇迹。最后于 1904 年，海伦·凯勒成功取得文学学士学位，而且成绩优异。而这么多年来莎莉文老师则一直留在海伦·凯勒身边，并将教科书与上课内容写在海伦·凯勒的手掌上，让凯勒能了解其内容，可以说是对海伦·凯勒不离不弃，因此海伦·凯勒一生都十分感激她。海伦·凯勒决心要像莎莉文老师那样帮助像自己一样不幸的人。

海伦·凯勒于 1924 年组成了海伦·凯勒基金会，1946 年，海伦·凯勒担任美国全球盲人基金会的国际关系顾问，并开始周游世界，共游历了 35 个国家。她尽力争取在世界各地兴建盲人学校，并常去医院探望病人，以给予他们与命运抗争的勇气与希望。她同时亦为贫民及黑人争取权益，倡导世界和平。

今日感恩

感恩日志第___天

人 | 事 | 物

签名：

年 月 日

感恩故事 13

到唐山出差时，有一位老人给我讲了一个他自己亲身经历的故事。

这位老人告诉我，在 1976 年以前，他是唐山某水库的管理员，经常一个人驻守在水库边的配电室里。因常常闲来无事，他喜欢上了垂钓，他把钓的鱼存养在一口缸里，这口缸则放在搭建的简易厨房里。

1976 年初夏的某个晚上，他还没睡，就听到厨房里有动静，他抄起家伙去看个究竟。原来是一只前来偷吃鱼的野狐不小心掉进了缸里，怎么也爬不上来了。想到前几次莫名其妙地鱼就少了，他就想弄死这只讨厌的狐狸。当他用强光手电照着狐狸正欲动手时，他看到狐狸的眼里满是惊恐，甚至还有眼泪，他的心又软了……最终还是放了这只野狐。

后来，他的鱼就再没少过。他就感念狐狸这生灵通人性、有良心。更令他意想不到、感慨万千的是，大地震骤来时，这只野狐居然救了他的命。

今日感恩

|人|事|物|　　　　感恩日志第___天

签名：

年　月　日

1976年7月28日凌晨3时左右，熟睡中的他被一种急促的抓挠声和呱呱鸣叫声吵醒，他听出来是那只狐狸，就起身下床打开房门——那只野狐焦躁不安地仰脸望着他，并一次次地就地兜圈子，像一个有紧急事情却无法说的哑巴。他就想，可能狐狸没找到猎物，饿急了，来求援了。可是，就在他想回屋里取吃的东西给它时，那只狐狸忽然咬住了他的凉鞋，狠命地往外拉。他忽然有一种预感，于是，随狐狸来到院子里。就在这时，举世皆惊的唐山大地震轰然降临，他居住的配电室瞬间震塌……

直到现在，年迈的老人还对那只被他放生、又来报恩救他的狐狸念念不忘，感慨万千地说：

“地球就是个大家庭，大多数动物与人类息息相关，动物们尽管不会言语，却也有着同样的思维、灵性和良心。”

今日感恩

感恩日志第___天

人 | 事 | 物

签名：

年　月　日

感恩故事 14

美国某城市有一位史蒂文斯先生，他突然失业了。他是一个程序员，在软件公司干了 8 年，他一直以为将在这里做到退休，然后拿着优厚的退休金颐养天年。然而，公司却突然倒闭了。史蒂文斯的第三个儿子刚刚降生，重新工作迫在眉睫。然而一个月过去了，他没找到工作。除了编程，他一无所长。

终于，他在报上看到一家软件公司要招聘程序员，待遇不错。他揣着资料，满怀希望地赶到那家公司。应聘的人数超乎他的想象，很明显，竞争一定会异常激烈。经过简单交谈，公司通知他一个星期后参加笔试。凭着过硬的专业知识，笔试中，他轻松过关，两天后面试。他对自己 8 年的工作经验无比自信，坚信面试不会有太大的麻烦。然而，考官的问题是关于软件业未来的发展方向，这些问题，他竟从未认真思考过，因此，他被告知应聘失败了。软件公司的面试官给史蒂文斯详细认真地讲解了软件业未来发展的方向和趋势。

今日感恩

人 | 事 | 物

感恩日志第___天

签名：

年　月　日

这家公司对软件业的理解令史蒂文斯耳目一新，虽然应聘失败，可他感觉收获不小，有必要给公司写封信，以表感谢之情。于是他立即提笔写道："贵公司花费人力、物力，为我提供了笔试、面试的机会。虽然落聘，但应聘使我大长见识，获益匪浅。感谢你们为之付出的劳动，谢谢！"这是一封与众不同的信，落聘的人没有不满，毫无怨言，竟然还给公司写来感谢信，真是闻所未闻。这封信被层层上递，最后送到总裁的办公室。总裁看了信后，一言不发，把它锁进抽屉。

3 个月后，新年来临，史蒂文斯先生收到一张精美的新年贺卡，上面写着：尊敬的史蒂文斯先生，如果您愿意，请和我们共度新年。贺卡是他上次应聘的公司寄来的。原来，公司出现空缺，他们想到了品德高尚的史蒂文斯。这家公司是美国微软公司，现在闻名世界。十几年后，史蒂文斯先生凭着出色的业绩一直做到了副总裁的职位。

今日感恩

感恩日志第___天

人 | 事 | 物

签名：

年　月　日

感恩故事 15

在一个闹饥荒的城市，一个家庭殷实而且心地善良的面包师把城里最穷的几十个孩子聚集到一块，然后拿出一个盛有面包的篮子，对他们说："这个篮子里的面包你们一人一个。在上帝带来好光景以前，你们每天都可以来拿一个面包。"

瞬间，这些饥饿的孩子一窝蜂般涌了上来，他们围着篮子推来挤去，大声叫嚷着，谁都想拿到最大的面包。当他们每人都拿到了面包后，竟然没有一个人向这位好心的面包师说声谢谢，就走了。

但是有一个叫依娃的小女孩却是例外，她既没有同大家一起吵闹，也没有与其他人争抢。她只是谦让地站在一步以外，等别的孩子都拿到以后，才把剩在篮子里最小的一个面包拿起来。她并没有急于离去，她向面包师说"谢谢您"，并亲吻了面包师的手之后才向家走去。

今日感恩

|人|事|物|

感恩日志第___天

签名：

年　月　日

第二天，面包师又把盛面包的篮子放到了孩子们的面前，其他孩子依旧如昨日一样疯抢着，羞怯、可怜的依娃只得到一个比前一天还小一半的面包。当她回家以后，妈妈切开面包，许多崭新、发亮的银币掉了出来。

妈妈惊奇地叫道："立即把钱送回去，一定是面包师揉面的时候不小心揉进去的。赶快去，依娃，赶快去！"当依娃把妈妈的话告诉面包师的时候，面包师面露慈爱地说："不，我的孩子，这没有错。是我把银币放进小面包里的，我要奖励你。愿你永远保持现在这样一颗平安、感恩的心。回家去吧，告诉你妈妈这些钱是你的了。"她激动地跑回了家，告诉了妈妈这个令人兴奋的消息，这是她的感恩之心得到的回报。

今日感恩

感恩日志第___天

人 | 事 | 物

签名：

年　月　日

感恩故事 16

有一条河纵贯巴山，由渝入秦连接两省，这就是汉江最重要的支流——任河。在任河沿线，紫阳县瓦房店的任河岸边，有一座“报恩塔”。

一天早晨，一个江浙客商雇来大船离开瓦房店，乘着和煦的春风顺流而下。这一次他带来的丝绸、瓷器卖了好价，现在他正揣着鼓鼓的钱袋，准备回家去置点家产，再采办些新货。这位商人停船靠岸，在任河岸上盘桓了一会。这个时候，一只山里的野狗出现在他眼前，商人的心情不错，将带的干粮扔了些喂狗。可没想到，当商人要走时，这只野狗竟对着商人狂叫不止，还咬着他的长衫不放。商人骂了一声贪嘴的畜生，接着把狗一脚踢开，扬长而去。

商人重新起锚开船，顺风顺水不知道走了多远。几天以后，船行到了一个大的码头，商人一摸怀中，脸色大变，钱袋不见了踪影。于是，全身上下舱里舱外找个遍，始终一无所获。

今日感恩

人 事 物

感恩日志第___天

签名：

年 月 日

急忙吩咐船往回开，又过了好几天赶回原地。商人下船找了所有自己路过停过的地方，可是除了一只趴在地上的死狗，什么也没有找到。

商人颓废地坐在地上，突然发现，狗尸体下露出一截布带，竟然是自己绑钱袋的布绳。商人急忙翻开狗的尸体，发现自己的钱袋就压在那里。再看看狗的尸体，正是几天前咬住自己不放的那条。

商人明白了一切。一定是自己给狗扔干粮的时候掉下了钱袋，而后来狗之所以冲自己狂叫又咬住不放，就是想告诉自己钱袋丢了。而看狗的死状，这只狗一直趴在钱袋上从未动过。商人没有想到，这只野狗仅仅因为吃了自己几块干粮，就为自己看守钱袋到活活饿死。想明白原因，商人对着这只义犬的尸体放声大哭。商人回船把这件事告诉了其他人，众人都大为感动，一起把狗安葬。为了感念这只狗的忠义，也为了把这个故事永远记述下来，商人拿出了一笔数目不小的钱，在狗的坟上修建了一座砖塔，并起名叫“报恩塔”。

今日感恩

|人|事|物|

感恩日志第___天

签名：

年 月 日

感恩故事 17

一个生活贫困的男孩为了积攒学费，挨家挨户地推销商品。

傍晚时，他感到疲惫万分、饥饿难挨，而他的推销却很不顺利，以致他有些绝望。这时，他敲开一扇门，希望主人能给他一杯水。开门的是一位美丽的年轻女子，她却给了他一杯浓浓的热牛奶，令男孩感激万分。

许多年后，男孩成了一位著名的外科大夫。一位患病的妇女因为病情严重，当地的大夫都束手无策，便被转到了那位著名的外科大夫所在的医院。外科大夫为妇女做完手术后，惊喜地发现那位妇女正是多年前，在他饥寒交迫时，热情地给过他帮助的年轻女子，当年正是那杯热牛奶使他又鼓足了信心。

结果，当那位妇女正在为昂贵的手术费发愁时，却在她的手术费单子上看到一行字：手术费 = 一杯牛奶。顿时，她眼中泛起了泪花，心中高兴地祈祷：感恩上帝的慈爱，借由众人的心和手，在不断地传播！

今日感恩

|人|事|物|　　　　感恩日志第___天

签名：

年　月　日

感恩故事 18

斯蒂芬·威廉·霍金出生于英国牛津，他是一位肌肉萎缩性侧索硬化症患者，更是英国剑桥大学应用数学、理论物理学系教授，当代最重要的广义相对论和宇宙论家，是当今享有国际盛誉的伟人之一，被称为在世的最伟大的科学家，还被称为“宇宙之王”。

有一次学术报告会结束后，一位女记者登上讲坛，在表达了敬仰之情后，尤显突兀和尖锐地问：“霍金先生，卢伽雷病使你永远地固定在了轮椅上，你不觉得命运让你失去了很多东西吗?”全场一片寂静。

霍金微笑依旧，用手指敲击几下键盘，在屏幕上出现了这么一句话：“我有我始终追求的理想，有我爱和爱我的亲人和朋友，对了，我还有一颗感恩的心。”全场响起经久不息的掌声！

生命是一种奇迹，拥有生命是一种福泽。

今日感恩

感恩日志第___天　　　　人｜事｜物

签名：

年　月　日

感恩故事 19

有这样一个儿子，他是个大款，他的母亲老了，牙齿全坏掉了，于是他开车带着母亲去镶牙。

一进牙科诊所，医生开始推销他们的假牙，可母亲却要了最便宜的那种。医生不甘就此罢休，一边看着大款儿子，一边耐心地给他们比较好牙与差牙的本质不同。可是令医生非常失望的是，这个看似大款的儿子却无动于衷，只顾着自己打电话抽雪茄，根本就不理会他。医生拗不过母亲，同意了她的要求。这时，母亲颤颤悠悠地从口袋里掏出一个布包，一层一层打开，拿出钱交了押金，一周后再准备来镶牙。两人走后，诊所里的人就开始大骂这个大款儿子，说他衣冠楚楚，吸的是上等的雪茄，可却不舍得花钱给母亲镶一副好牙。正当他们义愤填膺时，没想到大款儿子又回来了，他说："医生，麻烦您给我母亲镶最好的烤瓷牙，费用我来出，多少钱都无所谓。不过您千万不要告诉她实情，我母亲是个非常节俭的人，我不想让她不高兴。"

今日感恩

|人|事|物|

感恩日志第___天

签名：

年 月 日

感恩故事 20

我上床的时候是晚上 11 点，窗户外面下着小雪。我缩到被子里，拿起闹钟，发现闹钟停了，我忘买电池了。天这么冷，我不愿意再起来，就给妈妈打了个长途电话：

“妈，我闹钟没电池了，明天还要去公司开会，要赶早，你 6 点的时候给我打个电话叫我起床吧。”

妈妈在那头的声音有点哑，可能已经睡了，她说：“好，乖。”

电话响的时候我在做一个美梦，外面的天黑黑的。妈妈在那边说：“小桔，你快起床，今天要开会的。”我抬手看表，才 5 点 40 分。我不耐烦地叫起来：“我不是叫你 6 点再打电话吗？我还想多睡一会儿呢，被你搅了！”妈妈在那头突然不说话了，我挂了电话。

起来梳洗好，出门。天气真冷啊，漫天的雪，天地间茫茫一片。

今日感恩

感恩日志第___天

人 | 事 | 物

签名：

年　月　日

公交车站台上我不停地跺着脚。周围黑漆漆的，我旁边却站着两个白发苍苍的老人。我听着老先生对老太太说：“你看你一晚上都没有睡好，早几个小时就开始催我了，现在等这么久。”是啊，第一趟班车还要五分钟才来呢。

车终于来了，开车的是一位很年轻的小伙子，他等我上车之后就轰轰地把车开走了。我说：“喂，司机，下面还有两位老人呢，天气这么冷，人家等了很久，你怎么不等他们上车就开车?”

那个小伙子很神气地说：“没关系的，那是我爸爸妈妈！今天是我第一天开公交车，他们来看我的！”

我突然哭了——我看到爸爸发来的短消息：“女儿，妈妈说，是她不好，她昨晚一直没有睡好，很早就醒了，担心你会迟到。”

我忽然想起一句犹太人谚语：“父亲给儿子东西的时候，儿子笑了；儿子给父亲东西的时候，父亲哭了。”

今日感恩

|人|事|物|　　　　感恩日志第___天

签名：

年　月　日

感恩故事 21

迈克·奥德菲尔德于1953年出生于英国伦敦市，他从小就显露出了极高的音乐天赋，只要一首曲子听上两遍，就可以完整地哼唱下来，父母很高兴，希望儿子以后在音乐方面能有所成就。

迈克高中毕业后就专心搞起了音乐，转眼几年过去了，他也录制了上百首曲子，却没有一家唱片公司肯与他合作。1973年春天，迈克倾全力录制了被他形容为“管状的钟”的乐曲《管钟》，他抱着破釜沉舟的决心告诉家人，如果此乐曲还不能帮他登上成功的顶峰，他就彻底放弃成为音乐家的理想。

现实是残酷的，自《管钟》录制完毕后，凡是听过它的人，没有人不称道的，但令他失望的是，竟没有一家公司愿意和他签订合同。迈克万分痛苦，决定彻底断了音乐梦，寻找一份能养家糊口的工作，平淡度过一生。

今日感恩

感恩日志第___天

人 事 物

签名：

年 月 日

就在这时，有家唱片公司的老板叫理查德·布兰森，听说了迈克的遭遇，又听了《管钟》后，便提出要约见迈克并与他表达了合作的意向，这让迈克喜出望外。布兰森已被《管钟》美妙的乐曲深深震撼，他表情严肃地对迈克说："我不是和你开玩笑，如果你愿意，我已决定了，咱们现在就可以签合同。"这当然是迈克梦寐以求的。于是，迈克颤抖着双手，在合同上庄重地签下了自己的名字。

但事情并不像迈克想象的那样顺利，虽然布兰森全力在自己的唱片公司推销《管钟》，而每天的销售量却微乎其微，这也是布兰森事先未曾料到的。凭着精明的头脑，布兰森想到了在皇家电台做音乐节目主持人的朋友安德鲁·吉利。当布兰森把《管钟》放给吉利听时，吉利当即就被迷住了，说："我不是在做梦吧，它太美妙了，绝对胜过天籁之音，我决定，今晚就在我主持的节目中播放，听众一定会被深深迷住的！"

今日感恩

人 | 事 | 物　　　　感恩日志第___天

签名：

年　月　日

当晚，无数听众都从收音机里听到了《管钟》的美妙乐符，曲子刚刚播放完，吉利就接到听众打来的电话，他们异口同声地称赞道："这辈子从没听过这样的音乐，它让我无比陶醉，险些要为它疯掉了。"很多唱片公司也打来电话，询问在哪里可以订购到《管钟》唱片。那个夜晚，吉利究竟接了多少个电话，他已完全记不起来。一时间，布兰森的唱片公司人满为患，他不得不加班加点赶制《管钟》唱片，迈克的名字也随之传遍了英国的大街小巷。

但布兰森并不满足现状，他决定把《管钟》推向上流社会，让迈克的名字永远被世人铭记。

1975 年 5 月 16 日晚，迈克登上了伊丽莎白女王演奏大厅的舞台。音乐会的巨大成功，使《管钟》的销量一路高歌猛进，唱片销量最高时达到近 2000 万张，当年，《管钟》毫无悬念地荣登排行榜第一名。

今日感恩

感恩日志第___天　　　　人　事　物

签名：

年　月　日

此后的十几年，布兰森又与迈克合作推出了上百张专辑，而且每次的发行量总会排在前5名。布兰森借此成为世界上最富传奇色彩的亿万富翁，而迈克也因此迅速成为英国最富有的人之一，顺利跻身当代电子音乐大师的行列之中。

迈克在谈到自己的成功时感激地说："如果我没有遇到布兰森这样的诤友，我敢说，我这辈子都会默默无闻，他的知遇之恩让我永远难以报答。"

而布兰森则说："我只是尽我的一点义务罢了，关键还是迈克有颗坚贞柔韧的心，如果我不遇上他，我也是掘不到第一桶金的，更谈不上成为世界级的富翁，他的信任与坚持，才是我这辈子最应该报答的啊！"

今日感恩

|人|事|物|

感恩日志第___天

签名：

年　月　日

感恩故事 22

在一个酷热的夏天，一队素不相识的人出去漂流。一个女孩在玩水的时候，把拖鞋掉下去，沉底了。上岸以后，他们要走很长的一段路。可是岸边全是晒得发烫的鹅卵石，于是，女孩儿就向别人寻求帮忙，可是谁都只有一双拖鞋。女孩心里很不爽，因为平时她习惯了向别人求助，而每次只要一张口就会得到别人的帮助，因此她认为别人帮助她总是应该的。可是这次却没有，因为大家都素不相识。她忽然觉得这些人都不好，都见死不救。后来，还是有一个男孩将自己的拖鞋给了她，自己却赤脚在那晒得滚烫的鹅卵石上走，还自嘲说是练铁板烧。女孩表示了感谢。男孩说：“你要记住，没有谁是必须要帮你的，帮你是出于爱心，不帮你也没有错。”

女孩记住了男孩的话，受到很大教育，自此以后学会了对施以援助的人铭记在心，并给以更大的回报。

今日感恩

感恩日志第___天

人 | 事 | 物

签名：

年　月　日

感恩故事 23

一个美国人为妻子治病跑遍了世界，最后来到了中国看中医。他为妻子看病已经花完了钱，但由于语言的问题，到北京以后还是决定请一个翻译，一个来自宁夏的贫困生接受了这份待遇很低的工作。在帮美国人看病的过程中，宁夏小伙子除了翻译以外还帮挂号拿药，像一个勤杂工。故事的转折在于有一个比这更挣钱的给大公司谈项目当翻译的工作在等着小伙子，美国人没办法，只好让小伙子帮他再找一个翻译，哪怕只会最简单的交谈，但小伙子想了半天决定留下来，美国人强忍住眼里的泪花，什么也没说。

美国人带妻子看了一段时间中医以后就回去了，第二年他妻子去世了。一晃三年过去了，小伙子该毕业了，现在大学生多了工作难找了，他正在为工作之事发愁时，突然收到了来自美国的一封信，是那个美国人寄来的，信上说，他为小伙子的善良与为人打动，三年来他念念不忘，如今他在他太太去世后又重新打理公司，现在想到中国发展，需要一名代理人，问小伙子愿不愿意，报酬是每月八万美元。

今日感恩

|人|事|物|　　　　感恩日志第___天

签名：

年　月　日

感恩故事 24

有些人说：“我讨厌我的生活，我必须做一点改变。”这些人必须改变的是他们不知感恩的心。如果我们不懂得感恩我们已有的，那么，我们就很难获得更多，即使我们得到我们想要的，那时我们也不会享受真正的乐趣。

一个行走于荒野的乞丐气息奄奄地倒在草丛里，绝望地等待着饥渴带来的死亡。突然一颗露珠掉在他的掌心，他的心在那一刹那有一丝不可名状的悸动，那是来自生命的呼唤。乞丐把手掌移到唇边，打算用露珠来解救自己干枯的喉咙。他对露珠说：“看来你比我还可怜，生命完全操纵在别人手里。”“我不明白你说的可怜。”露珠在乞丐的掌心滚动了一下，“我曾滋润过一朵美丽的丁香蕾，她因此而灿烂绽放。现在我又将滋润另一个生命，这是我最大的快乐和幸运，我一生无悔。”

今日感恩

感恩日志第___天

|人|事|物|

签名：

年　月　日

感恩故事 25

《后汉书 · 杨震传》中记载，杨震父亲杨宝九岁时，在华阴山北见一黄雀被老鹰所伤，坠落在树下，为蝼蚁所困。杨宝怜之，就将它带回家，放在巾箱中，只给它喂饲黄花，百日之后的一天，黄雀羽毛丰满，就飞走了。当夜，有一黄衣童子向杨宝拜谢说：“我是西王母的使者，君仁爱救拯，实感成济。”并以白环四枚赠予杨宝，说：“它可保佑君的子孙位列三公，为政清廉，处世行事像这玉环一样洁白无瑕。”

果如黄衣童子所言，杨宝的儿子杨震、孙子杨秉、曾孙杨赐、玄孙杨彪四代都官至太尉，而且都刚正不阿、为政清廉，他们的美德为后人所传诵。

后世将“结草”“衔环”合在一起，流传至今，比喻感恩报德，至死不忘。

今日感恩

人 | 事 | 物　　　　感恩日志第___天

签名：

年　月　日

感恩故事 26

两个行走在沙漠的旅人已行走多日，在他们口渴难忍的时候，碰见一个骑骆驼的老人，老人给了他们每人半瓷碗水，两个人面对同样的半碗水，一个抱怨水太少，不足以消解他身体的饥渴，抱怨之下竟将半碗水泼掉了；另一个也知道这半碗水不能完全解除身体的饥渴，但他却拥有一种发自心底的感恩，并且怀着这份感恩的心情，喝下了这半碗水。结果，前者因为拒绝了这半碗水而死在了沙漠之中，后者因为喝了这半碗水，终于走出了沙漠。

这个故事告诉人们，对生活怀有一颗感恩之心的人，即使遇上再大的灾难，也能熬过去。感恩者遇上祸，祸也能变成福，而那些常常抱怨生活的人，即使遇上了福，福也会变成祸。

今日感恩

感恩日志第____天

人 | 事 | 物

签名：

年　月　日

感恩故事 27

在偏远的贫困山区，有一个小女孩。她有幸考上重点大学，不幸的是父亲在她进校不久，遭遇车祸身亡，家中无力供她上学，在她准备退学回家时，社会送来了关怀，老师和同学也慷慨捐款捐物。对于大家的赠物，她舍不得使用，把它们藏在箱子里。每天打开箱子看看这些赠物，就想到自己周围有那么多的关怀、爱心，心中就不由产生出一种感激之情。这种感激之情又驱使她去战胜困难，顽强拼搏。这个在物质上贫困的女孩，却变成一个精神的富有者。她心怀感恩，终于读完了大学，还以优异的成绩留学美国。

她说："大家给我的一切，是我的精神财富，永远留在我的心里。我要努力学好本领，回报祖国，回报父老乡亲。"

人有了不忘感恩之情，就像这位女孩，生命会时时得到滋润，并时时闪烁纯净的光芒。

今日感恩

|人|事|物|　　感恩日志第___天

签名：

年　月　日

感恩故事 28

有一棵粗壮的大树和一个调皮的小男孩。每天小男孩都来找大树玩，男孩会爬上树干抓着树枝荡秋千，也会摘下大树的叶子编成皇冠，扮演森林里的国王。玩累了，小男孩就在大树底下睡一觉，大树一点都不生气。男孩很爱这棵树，树也很快乐！

日子一天天过去，有一天小男孩来到树下。树说：“来啊，孩子，爬上我的树干，抓着我的树枝荡秋千，在我的树荫下玩耍。”“我不是小孩子了，我不要爬树和玩耍”男孩说。“我要买玩具，我要钱，你可以给我一些钱吗?”树说：“孩子，你拿我的苹果到城里去卖吧，这样你就有钱了。”于是男孩爬上树，摘下苹果，把苹果都带走了，树很快乐。

男孩好久都没有再来，树很伤心。

今日感恩

感恩日志第___天　　人 事 物

签名：

年　月　日

有一天，男孩回来了，树高兴得发抖，她说：“来啊，孩子，爬上树干，抓着树枝荡秋千呀。”“我太忙，没时间爬树。”男孩说，“我想要结婚，要小孩，所以我想有一间房子，你可以给我一间房子吗?”树说：“你砍下我的树枝去盖房子把，这样你就会快乐。”于是，男孩砍下了树枝去盖房子了，树很快乐。

过了许久，男孩都没有再来过，树伤心极了。一个夏天，男孩回来了，树激动得快说不出话来了。“来啊，孩子，到这里来玩呀！”男孩说：“别人都去海外了，我还在家里待着，你可以给我一条船吗?”树说：“砍下我的树干去造船吧，去你想去的地方。”于是，男孩砍下了树干，造了条船，走了，很久都没有回来。

过了好久好久，男孩又回来了，他已经变成白发苍苍的老人。“很抱歉，孩子，我已经没有东西可以给你了。”树说。“不，我什么都不要，这次我回来，是想和你一起晒太阳，再也不走了，这是我最大的心愿。”男孩说。

其实，大树就是父母，而那个小男孩正是我们自己。

今日感恩

|人|事|物|

感恩日志第___天

签名：

年　月　日

感恩故事 29

在原一平奋斗史中，最受寿险推销人员推崇的是他的“三恩主义”：社恩、佛恩、客恩。

他是明治保险公司的推销员，今日能成为保险巨人，并被尊称为“推销之神”，他并没有傲慢自大，反而谦虚为怀，口口声声感谢公司的栽培，没有公司就没有今日的他，原一平十分尊敬公司，晚上睡觉脚不敢朝向公司的方向。这就是“社恩”。

在他成长的历程中，他内心里最感谢的是启蒙恩师吉田胜逞法师和伊藤道海法师，如果没有他们的一语道破及指点迷津，或许原一平还只是一名推销的小卒呢！这就是“佛恩”。

谈到“客恩”，就是对客户心怀感恩之情。对每位客户有感谢的胸怀，才能给予客户无微不至的服务。据原一平称，他的所得除10%留为己用外，其余皆回馈给公司及客户。

今日感恩

感恩日志第___天　　人｜事｜物

签名：

年　月　日

感恩故事 30

一个年轻人在取得博士学位之后，自愿进入一家制造燃油机的企业做起了基层质检员，工资和普通的工人一样。很多朋友和同事都很不理解，问他原因，他避而不谈。年轻人在工作中十分卖力和认真，凡是他质检过的产品，别人都挑不出任何问题。工作半个月后，细心的他发现公司生产成本过高，于是他找到公司老板，不遗余力地说服老板改进生产方法并提出了有价值的建议。这时候身边的同事又问他："老板给你的薪水也不高呀，你为什么还要这样卖命工作?"没想到这次年轻人却笑着说："工作就是我的使命，公司给我提供了工作的机会和平台，我就要感恩报答。"一年后，年轻人在工作中的出色表现得到了老板的赏识，被晋升为公司副总，薪水比原来翻了好几倍。

今日感恩

|人|事|物|

感恩日志第___天

签名：

年　月　日

感恩故事 31

思坦因曼思是德国的一位工程技术人员，因为失业和国内经济不景气，他不远千里来到美国。他幸运地得到一家小工厂老板的看重，被聘为机器马达的技术人员。1923 年，美国福特公司有一台马达坏了，公司所有的工程技术人员都未能修好。正在焦急万分的时候，有人推荐了思坦因曼思，福特公司就派人请他来。他来之后，只是要了一张席子铺在电机旁，聚精会神地听了三天，然后又要了梯子，爬上爬下忙了多时，最后他在电机的一个部位用粉笔画了一道线，写上“这儿的线圈多绕了 16 圈”几个字。福特公司的技术人员按照思坦因曼思的建议，拆开电机把多余的 16 圈线取走，再开机，电机正常运转了。福特公司总裁福特先生得知后，对这位德国技术员十分欣赏，先是给了他一万美元的酬金，然后又亲自邀请思坦因曼思加盟福特公司。但思坦因曼思却向福特先生说他不能离开那家小工厂，因为那家小工厂的老板在他最困难的时候帮助了他。

福特先生先是觉得遗憾万分，继而又感慨不已。不久，福特先生做出一个决定：收购思坦因曼思所在的那家小工厂。董事会成员都觉得不可思议：这样一家小工厂怎么会进入福特先生的视野？福特先生说：“人品难得，因为那里有思坦因曼思。”

今日感恩

感恩日志第____天　　　　人｜事｜物

签名：

年　月　日

感恩故事 32

某一天晚上，同事回家后偶然发现阳台里的灯亮着，他以为是妻子忘记关了，就进去想要把灯关掉，但被妻子拦住了。他很好奇，他的妻子就指着窗外让他看。他看到窗外的路边，有一辆装满垃圾的三轮车，车上坐着捡垃圾的夫妇，他们正沐浴在自家阳台投射出的温润的灯光中，边说笑边开心地吃着东西。

看着灯光中的那对夫妇，楼里的同事与妻子相视一笑，静静退出了阳台。窗外那对夫妇可能永远也不会知道，在这生疏的城市中，有一盏灯是特意为他们点亮的。

用感恩之心为出现在你身边的人点亮希望！

今日感恩

|人|事|物|　　感恩日志第___天

签名：

年　月　日

感恩故事 33

做一件好事并不难，难的是做一辈子好事。中国报恩网（www. baoen. cn）的创办人段非、许利娜夫妇已经做了八年好事，而且立志做一辈子。八年来，他们经历颇多，最终中国报恩网成为全国知名的公益网站，段非夫妇也从“草根”成为慈善界的英雄。段非荣获“中国网事·感动河北”年度人物，许利娜被团中央授予志愿者最高奖项。

段非和许利娜是两个有着相似成长经历的80后年轻人，在亲戚、朋友、老师、同学以及社会爱心人士的帮助下完成学业，回报恩人是他们努力奋进的原动力。八年前怀着一颗感恩的心，两个人一起创办了国内第一家以报恩为主题的公益网站——中国报恩网。他们想用一种特殊的方式来报答父母以及帮助过自己的人们的恩情，同时，也为社会上需要帮助的人和社会上广大的爱心人士搭建一座联系“爱”的桥梁。

今日感恩

感恩日志第___天　　人｜事｜物

签名：

年　月　日

两个年轻人在做报恩网的过程中，也经历了很多的苦难。创办中国报恩网时，他们花 70 元购买了域名，200 元购买了空间，200 元请人制作网页，连台电脑也没有，发帖、管理都是在网吧里完成。2006 年 6 月 1 日，中国报恩网正式上线，网站建立不到一个月，全国数十家媒体争先报道转载，他们两个人也成了公众人物、爱心大使。

起初，他们把求助者的电话放到网上，让爱心人士直接去联系，可是后来发现，有的人趁机向有病患的求助者卖假药。为保证网站的公益性，夫妻俩只能亲自走访核实求助信息。有的公司一下子就捐助几万元，但要求报恩网到求助者家考察、核实其情况是否属实。这些事全部由夫妻俩承担，而且考察成本要自掏腰包。因为手头拮据，夫妻俩也犹豫去还是不去，可是一想到自己搭上几百元路费，能换来求助者命运的改变，二人便二话不说，拿着路费就出发了。

然而，网站表面“热闹”的背后却是痛苦的坚持。随着网站访问量的增大，求助者越来越多，相应的费用也在急速上涨。

今日感恩

|人|事|物|

感恩日志第___天

签名：

年　月　日

最艰苦的时候，90 元房租都无法支付。这些困难没有阻止他们热心公益的脚步，他们反而迎难而上。在有爱心企业支持的情况下，他们二人举行了慈善婚礼，近 10 万元的礼金全部捐赠用来做公益。段非的妈妈身患癌症需要化疗，他也坚决不动一分善款。

中国报恩网帮助了很多人，到 2014 年 5 月，中国报恩网已组织策划 100 多场爱心公益活动，筹集 220 余万元善款，救助了 2000 多人。由于做得好，报恩网也感召了更多的人来支持这个公益平台，目前报恩网有人资助办公场地，有人资助办公车辆、办公热线等。

目前段非、许利娜已经到了而立之年，但是他们在石家庄还没有一套属于自己的房子，依然租房度日，不过他们很幸福，他们要把报恩网当成毕生的事业。感恩于心，报恩于行，但行好事，莫问前程；报恩路上，邀您同行，不求一生，但共一程。报恩网也邀请更多的人加入慈善事业！

今日感恩

感恩日志第___天　　　　|人|事|物|

签名：

年　月　日

感恩故事 34

一对夫妇很幸运地订到了回老家的车票，上车后发现有位女士正坐在他们的一个座位上，丈夫示意妻子先坐在她旁边的座位上，而自己却没有请那位女士让座。妻子仔细一看，发现那位女士的右脚有残疾，这才明白丈夫为何不请她让出座位。

这位丈夫就这样从起点一直站到终点，从头到尾都没有让那位女士让座，也没有告诉她这个座位是自己的。

下车之后，心疼丈夫的妻子说：

“让座是善行，但从头到尾这么久，你中途可以请她把座位还给你，换着坐一下嘛。”

这位丈夫说：

“人家不方便一辈子，我们就不方便这 3 个小时而已。”

今日感恩

|人|事|物|

感恩日志第___天

签名：

年　月　日

感恩故事35

一家外资公司的公关部需要招聘一位职员，前来应聘的人经过甄选，最后只剩下了五名。公司告诉这五个人，聘用谁得由经理层会议讨论才能决定，结果会在三天内发到他们的邮箱里。三天后，其中一位应聘者的电子邮箱收到一封信，信是公司人事部发来的，内容是："经过公司研究决定，很抱歉，你落聘了。我们虽然很欣赏你的学识、气质，但名额有限，这实是割爱之举。公司以后若有招聘名额，必会优先通知你。你所提交的材料在被复印后，不日将邮寄返还于你。另外，为感谢你对本公司的信任，还随信寄去本公司产品的优惠券一份。祝你好运！"看完电子邮件，她知道自己落聘了，有点难过！但又为该公司的诚意所感动，便顺手花了1分钟时间回复了一封简短的感谢信。但在两天后，她却接到了那家外资公司的电话，说经过经理层会议讨论，她已被正式录用为该公司职员。她很不解，后来才明白邮件其实是公司的最后一道考题。她能胜出，只不过因为多花了1分钟时间去感谢。

今日感恩

感恩日志第___天　　人｜事｜物

签名：

年　月　日

感恩故事 36

在一个茂密的森林中，生活着一头英俊的大象，它高大的身子像堵墙，粗壮的四肢像四根木桩。有一天晚上，它出去散步，碰到一只掉进陷阱里的老鼠向它求救。大象疑惑地说：

“你怎么会掉到陷阱里去?”

“一只野猫追我，我一不小心就掉进来了。”老鼠沮丧地回答。

“好吧。”好心的大象把长长的鼻子伸进陷阱，老鼠顺利地爬了上来。

“我要报答你!”老鼠站在大象的脚旁边说道。

大象哈哈大笑地走了。

有一天，大象被猎人网住了，第二天就会被运走，它伤心极了。那只老鼠听说后，集合一群伙伴不停地啃网绳，终于在天亮之前救出了大象。

今日感恩

|人|事|物|　　　　感恩日志第___天

签名：

年　月　日

感恩故事 37

1991 年，南非的民族斗士曼德拉当选为总统，他在总统就职典礼上的举动震撼了世界。

曼德拉当年曾因领导和反对白人种族隔离政策而入狱，白人统治者把他关在荒凉的大西洋小岛——罗本岛上。曼德拉住在总集中营的一个“锌皮房”里，每天早晨都要排队到采石场做苦工，有时还要从冰冷的海水里捞取大量的海带。因为曼德拉的身份不同，专门用来看押他的看守就有三人。曼德拉在这里整整度过了 27 年。

总统就职仪式开始时，曼德拉首先起身致辞欢迎所有来宾。在介绍了来自世界各国的政要后，他说，令他最高兴的是当初看守他的三名前狱方人员也能到场。他真诚地邀请他们站起身，以便把他们介绍给大家，然后恭敬地向这三个看守致敬。

今日感恩

感恩日志第___天

人 | 事 | 物

签名：

年　月　日

此时，在场的所有来宾以至整个世界都静下来了。曼德拉以他博大的胸襟和宽宏的精神，让那些残忍地虐待了他 27 年的白人感到汗颜，同时也使所有到场的人肃然起敬。

后来，曼德拉向朋友解释说，自己年轻时性子非常急，脾气很暴躁，正是在狱中学会了如何控制情绪，所以才得以活了下来。

牢狱岁月给了他很多时间自省和激励，也使他学会了如何处理自己在遭遇苦难时的痛苦。感恩和宽容有时是源自痛苦和磨难，必须以极大的毅力来训练。曼德拉经常说起他获释出狱时的心情：

"当我走出狱室，迈过那扇通往自由的监狱大门时，我已经完全清楚了，若不能把悲痛和怨恨留在身后的监狱里，那么我自己其实仍是生活在狱中。"

今日感恩

人 | 事 | 物　　　　感恩日志第___天

签名：

年　月　日

感恩故事 38

曾荣获 1953 年诺贝尔和平奖，担任过美国国务卿和国防部长的马歇尔是美国的一代名将。在第二次世界大战中，他作为美国陆军参谋，对建立国际反法西斯统一战线做出了重要贡献。鉴于其卓越功勋，1943 年，美国国会拟授予马歇尔美国历史上从未有过的最高军衔——陆军元帅。但这个打算遭到了马歇尔的坚决反对。马歇尔反对的理由是，在英语里他的名字（Marshall）和“元帅”（Marshal）一词只差一个字母“L”，并且读音一模一样。如果他被授予元帅军衔，人们就得称呼他“元帅元帅”了，这很别扭。

表面上看，这的确是一个很充分的理由。其实在马歇尔心目中，潘兴才是美国当代最伟大的军人，自己又多受潘兴提拔和力荐之恩，马歇尔不愿让他崇敬的老将军的地位和感情受到伤害。1944 年年底，马歇尔晋升为美军的最高军衔——五星上将。

今日感恩

感恩日志第___天

人 | 事 | 物

签名：

年　月　日

感恩故事 39

我有个朋友，小时她家住歌乐山，家境窘迫，6 岁那年冬天，母亲带她下山去医院，回去时天色已晚。20 世纪 70 年代初交通条件不好，班车早早就没了，母亲只好背着发烧啼哭的她沿山路往家赶。一个 30 多岁的妇女带着一个小女孩，身上又揣着钱，在漆黑山路上行走，恐惧与无助可想而知。

这时路上下来一个骑自行车的中年男人。他诧异地停下，问清原委后极力说服母女俩去他家暂住一晚，天明再走，并再三解释家中还有妻儿。精疲力竭的母亲见对方言语诚恳，断定是个厚道人，加之实在别无他法，只好横下一条心同意了。当晚来到山下一户农家，与他妻子住一间屋，男人则带着儿子去邻居家过了一夜。次日晨，这家人早早做好早餐请母女俩吃后，又一路送出很远，直到她们上了回家的车。担心了一夜的家人感激不已。父亲郑重地说：“这样好的人家，将来有机会一定要报答。”女孩以为父亲随口说说而已，很快她便淡忘了这事。

今日感恩

|人|事|物|　　　　感恩日志第___天

签名：

年　月　日

10 多年过去了。女孩大学毕业后进入大都市，有了体面工作，家中经济状况好了不少。这年春节，年迈的父母亲再次提起当年那事，要女孩一起去探望那户农家。找到那里，母女俩一眼就认出了这对夫妻。他们都老了，儿子在外打工，家里看去并不宽裕。

这家人很吃惊他们的造访。当说明来意后，他们憨厚地笑了，连连摆手说："小事小事，怎么还提。"临走，女孩一家执意留下 5000 元钱，两家互留了电话号码，约定今后保持联系。

一年后，女孩父亲遭遇车祸，医院告知若不动大手术可能瘫痪。而手术费是很大一笔数字。山下那家人闻讯赶来，跑前跑后帮助料理了几个月，并拿出分文未动的 5000 元钱要母亲收着，母亲坚决不肯。周围人都以为这一定是女孩家的亲戚。后来父亲能下地了。直到现在，他们逢年过节都像亲戚一样来往着。

今日感恩

感恩日志第___天

人 | 事 | 物

签名：

年　月　日

感恩故事 40

有个女孩跟妈妈大吵了一架，气得夺门而出，决定再也不回到这个讨厌的家了！一整天，她都在外面闲逛，肚子饿得咕咕叫，但偏偏又没带零用钱出来，可又拉不下脸回家吃饭。一直到了晚上，她来到一家面摊旁，闻到了阵阵的香味，真是好想吃一碗，但身上又没带钱只能不住地吞口水。

忽然，老板亲切地问："小姐，你要不要吃面啊?"

她不好意思的回答："嗯！可是……我没有带钱……"

老板听了大笑："哈哈，没关系，今天就算老板请客吧！"

女孩简直不敢相信自己的耳朵，她坐下来。不一会儿，面来了，她吃得津津有味，并说："老板，你人真好！"

老板说："哦？怎么说?"

今日感恩

|人|事|物|

感恩日志第___天

签名：

年　月　日

女孩接着回答："对啊！我们素不相识，你却对我那么好，不像我妈，根本不了解我的需要和想法，真气人！"

老板又笑了："哈，小姐，我才不过给你一碗面而已，你就这么感激我，那么你妈妈帮你煮了二十几年的饭，你不是更应该感激她吗?"

被老板这么一讲，女孩顿时有如大梦初醒，眼泪瞬间夺眶而出！顾不得还剩下的半碗面，立刻飞奔回家。才到家门前的巷口，就远远地看到妈妈焦急地在门口四处张望，她的心立刻揪在一起！有一千句、一万句的对不起想对妈妈说。

还没来得及开口，只见妈妈已迎了上来："哎哟！你一整天跑去哪里了啊？吓死我了！来，进来把手洗一洗，吃晚饭了。"

这天晚上，女孩才深刻体会到妈妈对她的爱！

今日感恩

感恩日志第___天

人|事|物

签名：

年　月　日

感恩故事 41

一位打工的农村青年给我们家装塑钢窗户。一整天他都闷头干活，也不说话，一直干到很晚，见他那么老实卖力，我们就留他吃晚饭。他很拘谨，连菜也不敢夹，婆婆热情地招呼他，公公则递烟给他，与他扯家常。原来他是考上大学的人，而那年他的弟弟也考上了县城的重点高中，家里太穷，负担不起两个人，他只好放弃上大学外出打工。如今他媳妇也娶了，儿子也生了，他便安心当了农民。我们听了不甚唏嘘。婆婆想得实际而周到，翻捡出我们淘汰的旧衣物以及洗衣粉等用品，装了满满一袋子送给他。他涨红了脸推辞着不肯收。婆婆说这都是我们不用的，闲放着也是闲放着，给你就拿着回去也好帮衬媳妇过日子。他低头接过袋子，连句道谢的话也没有就走了。

家里人很快忘记了这件事，半年后的一天有人敲门，我开门一看，一个农村打扮背着口袋的青年站在门口，我不认得他。

今日感恩

人 | 事 | 物　　　　感恩日志第___天

签名：

年　月　日

他说："是我啊，以前给你家安装窗户的。"我忙招呼他进门，他拘束地坐在沙发上，搓着手缓缓地说，麦收的时候他回了一趟家，说起我们帮他的事，全家人都很高兴。他们想表示对我们的感谢，却找不出合适的办法。家里人商量了好久，最后他娘说把家里新打的粮食拣好的带上点，让我们尝尝鲜。那口袋里是新收的小米、黄豆、绿豆，还有新玉米面。

青年人放下东西走了，我们却为这意外的结果感慨不已。

我不知道在城市里辗转打工的他如何在看似一模一样的楼群里牢牢记住了我的家，事隔半年后又准确地找了回来；我所知道的是，我曾接受过比他更大更多的帮助，可没有像他这样执着地心存感激表达过谢意，我也曾给予别人比他更多的支持和帮助，我也不曾收到只言片语的谢意。

这位打工的青年给我上了生动的一课。

今日感恩

感恩日志第___天

人 | 事 | 物

签名：

年　月　日

感恩故事 42

一个小女孩因为长得又矮又瘦而被老师排除在合唱团之外，而且，谁叫她永远穿着一件又灰又旧又不合身的衣服哩！

小女孩躲在公园里伤心地流泪。她想：我为什么不能去唱歌呢？难道我真的唱得很难听吗？

想着想着，小女孩就低声唱了起来，她唱了一支又一支，直到唱累了为止。

“唱得真好！”这时传来说话的声音，“谢谢你，小姑娘，你让我度过了一个愉快的下午。”

小姑娘惊呆了！

说话的是一个满头白发的老人。他说完后站起来独自走了。

今日感恩

人 | 事 | 物　　　　感恩日志第___天

签名：

年　月　日

小女孩第二天再去时，那老人还坐在原来的位置上，满脸慈祥地看着她微笑。

小女孩于是又唱起来，老人聚精会神地听着，一副陶醉其中的表情。最后他大声喝彩，说："谢谢你，小姑娘，你唱得太棒了！"说完，他仍自顾自走了。

这样过了许多年。小女孩成了大女孩，而且成了小城里有名的歌星。但她忘不了公园靠椅上那个慈祥的老人。一个冬日的下午，她特意去公园找老人。但她失望了，那儿只有一张小小的孤独的靠椅。她后来才知道，老人早就去世了。

"他是个聋子，都聋了 20 年了！"一个知情人告诉她。姑娘惊呆了。那个天天屏声静气、聚精会神听她唱歌并热情赞美她的老人竟是个聋子。此刻她心中充满了无线的感激，她站在椅子旁久久未离去……

今日感恩

感恩日志第___天

人 | 事 | 物

签名：

年 月 日

感恩故事 43

1914 年 12 月，爱迪生为了发明镍铁电池，经济状况再次出现了严重的赤字，工厂也面临破产。就在此时，致命的灾难又向他袭来。

那是一个隆冬的夜晚，爱迪生的工厂突然失火。他所有的研究成果都毁于一旦，他的学术论文集、所有的图样和笔记都付之一炬，他的事业就这样被摧毁了。这时的爱迪生已经 67 岁了，人们都在揣测，这场大火也许烧去了爱迪生所有的希望，也许他将从此心灰意懒地沉寂下去了。很快，爱迪生闻讯赶来。看到熊熊烈火吞噬了整个工厂时，他先是怔怔地站在那里看了一阵子，突然又兴奋地大叫起来："这样的大火。真是百年难得一见啊。太棒了！旧厂房烧没了，我可以再建一间更大更好的工厂了！我所有的错误都被烧掉了，谢天谢地，我又可以从头开始了"。

一生只接受过六个月学校教育的爱迪生，以这样的心态给世界留下 1093 项发明。

今日感恩

|人|事|物|　　　　感恩日志第___天

签名：

年　月　日

感恩故事44

在苏格兰一个穷苦落后的村庄里，有一个名叫弗莱明的老农夫。一天他在田间耕作，突然听到附近沼泽地里一阵恐怖的呼救声，他急忙朝那里跑去。他看到一个小男孩正在泥潭里挣扎，当时烂泥已经没到小男孩的胸部，他不断呼叫救命。老农夫奋不顾身地跳入沼泽地，迅速救出了可能会被淹死的小男孩。

第二天上午，一辆华丽的马车停在老农夫家的茅舍门口，从车上下来一位风度翩翩的绅士，老农夫迎上去。绅士见到他说："我是昨天你救的孩子的父亲，今天我是来感谢你的，我想好好报答你的恩情"。老农夫说："不，不，我不要你的任何报答"。

此时从屋子里出来一个小孩，他就是老农夫的儿子——亚历山大·弗莱明。绅士对老弗莱明说："这是你的儿子吗?"老农夫自豪地回答："是的"。绅士说："那好，我让他和我儿子一样接受同样好的教育，如果他有和你同样好的美德，以后将会成令你我骄傲的人"。

亚历山大·弗莱明在伦敦受到极好的教育，毕业于圣玛丽医院医科大学。几年后他发明了盘尼西林（青霉素）。

几年后绅士的儿子得了严重的肺炎，最后还是盘尼西林救了他的命。这个被父子两代人救了命的男孩就是后来大名鼎鼎的英国首相温斯顿·丘吉尔。

❤ ❤ ❤ ❤

今日感恩

感恩日志第___天

|人|事|物|

签名：

年　月　日

感恩故事 45

意大利有个女探险家独自穿越了塔克拉玛干沙漠。当她走出沙漠之后，她面对沙漠跪了下来，静默良久。

有记者问她为什么，她极为真诚地说:“我不认为我征服了沙漠，我是在感谢塔克拉玛干允许我通过。”

的确，人类的一切都是大自然所赐予的。对于这个世界，人类不可能有征服它的能力。相反，人类需要的是怀有一颗感恩的心，这样人类才有可能生生不息地传承下去。

今日感恩

|人|事|物| 感恩日志第___天

签名：

年 月 日

感恩故事 46

隋朝末年，在济南府当差的山东豪杰秦叔宝受命来潞州办事，不幸染病于店中，所带盘费俱已耗尽。无奈之中，他牵着心爱的坐骑黄骠马到西门外的二贤庄去卖。

秦叔宝将黄骠马拴在庄南大槐树下，二贤庄庄主单雄信听说有人卖马，便去相马。秦叔宝早在山东就听说单雄信是一条好汉，只是眼下穷困潦倒，羞于颜面，难以通报真名实姓。偏偏单雄信听说卖马人是济南来的，便请他到府上喝茶，还顺便打听仰慕已久的山东好汉秦叔宝。秦叔宝谎称："员外打听的人正是小弟同衙好友。"雄信闻知他与秦叔宝是朋友，随即修书一封托交秦叔宝，并付了马价纹银三十两，外加程仪三两，不在马价数内，还取潞绸两匹相赠。却说秦叔宝瞒得了单雄信，却在潞州酒楼上邂逅了另一条好汉王伯当。王伯当告知了单雄信真相，单雄信便到处寻找秦叔宝。

今日感恩

感恩日志第___天

人 | 事 | 物

签名：

年 月 日

后来两位英雄终得相识，单雄信盛情款待，让秦叔宝在二贤庄精心养病八个月。离别时单雄信为其黄膘马配上了金镫银鞍，并以潞绸、重金相赠，从此二人结下莫逆之交。

随后二人在推翻隋王朝的农民起义中同仇敌忾，为起义军创造了不可磨灭的业绩。唐朝兴起后，秦叔宝终身保唐，单雄信则抗唐到底。尽管单、秦二人后来分道扬镳，但患难中结下的兄弟情谊始终如故。

《说唐》中的“秦琼建祠报雄信”，说的就是秦叔宝闻得擒了单雄信，飞马来救。走到跟前，头已落地。秦叔宝抱住雄信的头，跪在地上，悲恸欲绝。后秦叔宝将单雄信夫妻合葬在洛阳南门外，造了一所祠堂，名为“报恩祠”，以报潞州知遇之恩。

今日感恩

|人|事|物|　　　　感恩日志第___天

签名：

年　月　日

感恩故事 47

在台湾一个偏远贫困的小山村里，有一对靠捡破烂为生的中年夫妻。在一个寒冷的早上，当他们跨出家门时，他们捡到的不是垃圾，而是一个已经被冻得奄奄一息的弃婴，虽然夫妻两个的生活已经是一贫如洗，但为了不让这无辜的小生命冻死街头，他们还是毅然把孩子带回家里精心喂养。在小女孩长到六七岁时，她的养父由于积劳成疾离开了人世，在弥留之际养父紧紧地拉着妻子和女儿的手对他的妻子说："我死后你无论如何也要把孩子养大成人，一定要让她上完大学。孩子有了一技之长，她才能在社会上立足，也才能成为对社会有用的人。"父亲去世后，母女两人便相依为命。女儿渐渐长大，上了高中，家里的费用开支也越来越多，已经入不敷出了，妈妈就背着女儿，悄悄卖血挣钱贴补家里费用。女儿看着妈妈一天天憔悴，不知什么原因，心里很难过，于是在心里暗暗发誓，长大后一定要好好报答妈妈的养育之恩。

今日感恩

感恩日志第___天　　人｜事｜物

签名：

年　月　日

女儿很争气，学习也很用功，终于考上了她向往已久的一所大学。在大学里，女儿给妈妈写信说她非常思念朝夕相处的妈妈，惦记妈妈，但为了节省开支，打算坚持到完成四年的大学学业后，再回家看望妈妈。在大学的四年里，每隔几个月女孩都能收到妈妈寄给她的信和一些钱，每次信中，妈妈都在给女儿报着平安，希望女儿安心学习，不要惦念家里，随信寄来的钱虽然不多，但足够维持女孩日常的生活、学习费用。

一晃四年过去了，女孩终于顺利完成了学业，拿到了毕业证。她非常渴望立刻见到自己朝思暮想的妈妈，归心似箭，她打点行装，迅速踏上了返乡的路程。来到村头，她远远看见自己家熟悉的院落，兴奋不已。她跑到了院门前，推开了院门，女儿被眼前看到的景象惊呆了，只见院子里一片沉寂凄凉，荒草遍地，打开锈迹斑斑的门锁，她看到房间破旧的家具上蒙上了厚厚的灰尘。

今日感恩

|人|事|物|　　　　感恩日志第___天

签名：

年　月　日

她大声呼喊：“妈妈，我回来了！”却听不到任何回应！

她带着一脸茫然，跑到邻居伯伯家里，询问她的妈妈到哪里去了。伯伯说：“孩子，只要你不哭，我就告诉你妈妈在哪里。”伯伯强忍着悲痛，把真相告诉了这个女孩。原来，女孩的妈妈在两年前就病逝了。由于过度劳累加上经常卖血，妈妈的健康状况日益恶化，后来不得已住进了医院。在妈妈住院期间，她非常想念可爱的女儿，想再看女儿一眼，可是又怕耽误了孩子的学业。在病床上，妈妈强忍住病痛的折磨日夜不停地给女儿写了一封又一封平安信，直到这些信的日期一直排到女儿四年学业结束。妈妈的思念之情和浓浓的母爱全都倾注在了这一封又一封的平安信中，为了攒够女儿四年的生活和学习费用，在弥留之际妈妈又和医院达成了协议，在她死后，将自己身体的器官全部出售给医院。

今日感恩

感恩日志第___天

人 | 事 | 物

签名：

年 月 日

妈妈把卖器官的钱和厚厚一叠平安信交给邻居伯伯，委托他定期给女儿寄去。

女儿跪在妈妈的坟前，泪如雨下。千呼万唤她的妈妈，那含辛茹苦把她养育成人的妈妈，那曾经相依为命的妈妈。如今留下她一个人孤零零地在这个世界上，如何面对未来的生活，如何面对前面崎岖不平的人生之路。在妈妈的坟前，女孩写了这首《感恩的心》:

我来自偶然/像一颗尘土/有谁看出我的脆弱/我来自何方/我情归何处/谁在下一刻呼唤我/天地虽宽/这条路却难走/我看遍这人间坎坷辛苦/我还有多少爱/我还有多少泪/让苍天知道我不认输/感恩的心/感谢有你/伴我一生/让我有勇气做我自己/感恩的心/感谢命运/花开花落/我依然会珍惜。

后来，台湾一位作曲家听到这个感人至深的故事后为这首歌谱上了优美的乐曲，很快这首歌便唱遍了台湾和香港，并且传遍了祖国的大江南北。

今日感恩

人 | 事 | 物　　　　感恩日志第___天

签名:

年　月　日

感恩故事 48

2008 年 5・12 汶川大地震后，什邡市妇幼保健医院大楼成为危房。院长桂逢春想起了仅一街之隔的罗汉寺，想将滞留的 18 名产妇和 20 多名孕妇安置入寺院空地，但怕忌讳妇人生产会带来血光，硬着头皮去找住持素全师父，说明来意。

在一分钟的沉默后，素全答应了。

但院内 40 名僧人、30 名居士中有人反对，因为犯忌。“出家人最大的忌讳是见死不救，其他的都不是忌讳。”素全召集僧人后强调，必须无条件接受灾民，无条件提供生活物资，把寺院的东西无条件给她们用。凌晨，孕妇陈世超要临盆，必须在庙里找地方剖腹生产。桂逢春找到素全，这一次，素全爽快应允。没有产床，素全想起寺里的禅凳，他把三张禅凳拼成一张床。地震后停电，没有足够的光线，有僧人找来手电筒。打着手电，医生们顺利完成剖宫产手术。共 108 个孩子以这种方式在寺院出生。素全怕产妇和刚出生的婴儿淋雨，看中了“报本堂”里给马祖像遮雨的棚子，他亲自动手将棚子搬到院中，给产妇搭起避雨棚。有居士跑来拦住素全，说：“你这样不对，连菩萨都不管了。”“现在救活人要紧，哪里顾得着泥菩萨。”素全扔下一句话，忙去了。

地震后，素全师父以 62 万票入选什邡市十大抗震英模。

❤ ❤ ❤ ❤

今日感恩

感恩日志第___天　　　　人｜事｜物

签名：

年　月　日

感恩故事 49

在法国一个偏僻的小镇，据传有一个特别灵验的水泉，常会出现神迹，可以医治各种疾病。有一天，一个拄着拐杖、少了一条腿的退伍军人一跛一跛地走过镇上的马路，旁边的镇民带着同情的口吻说："可怜的家伙，难道他要向上帝祈求再有一条腿吗？"这一句话被退伍军人听到了，他转过身对他们说："我不是要向上帝祈求有一条新腿，而是要祈求他帮助我，让我没有一条腿后，也知道如何过日子。"

学习为所失去的感恩，也接纳失去的事实，不管人生的得与失，总是要让自己的生命充满亮丽与光彩，不再为过去掉泪，努力地活出自己的精彩。

今日感恩

|人|事|物|　　感恩日志第___天

签名：

年　月　日

感恩故事 50

波士顿位于美国东北部，是美国新英格兰最大的港口城市和马萨诸塞州的首府。

许多旅游者来到波士顿都会对这里的建筑赞叹不已，可是，最令人着迷的还数一垛名不见经传的监狱墙壁，墙壁上写满了感恩的文字。这座监狱早已废除，政府几次想将那垛墙拆了，都招来了市民的强烈不满。市民的理由是，感恩没有错，人人都有感恩的权利，不管是罪犯还是普通人。于是，那垛墙壁在市民的强烈要求下保留了下来。

那垛墙上的留言是这样的：

“我叫菲利浦·莱吉尔，我现在很后悔没有听老师的话而犯了罪。但是，不管怎样，我还是要感谢我的老师内特·湍梦德。”

“我叫艾尔·汉里，父母离异，没人管我，所以我跟坏人去抢劫。我不恨我的父母，是我自己不懂得珍惜。”

……

今日感恩

感恩日志第___天

人 | 事 | 物

签名：

年 月 日

还有一些游客的留言：

“我叫奥斯汀·卡尔，我要感谢的人是一个叫艾丽亚娜·西里的小女孩。我40岁那年公司破产，差一点跳崖自杀的我被在山坡上玩耍的艾丽亚娜·西里那真诚的笑容感染而放弃了自杀。”

“我叫阿曼达·普莱斯，我是个一出生便不能走路的女孩，虽然坐在轮椅上的日子很艰难，但我还是要感谢我的父母，感谢他们给了我生命，活着总是美好的。”

……

事情传开后，不但在波士顿，甚至在整个美国都掀起了一股感恩的热潮。那垛墙上再也写不下一个字了，人们便直接给自己要感谢的人写信、写明信片，或者将自己感恩的话语写在日记里。每个人的心里都在这样想着，拥有一颗感恩的心是多么美好！

今日感恩

|人|事|物|

感恩日志第___天

签名：

年　月　日

感恩故事51

上海一家杂志社老总给表妹打来电话，建议她“换个工作环境”，待遇是她现在的三倍。这样的好事表妹当然无法拒绝，但是她请他们等她三个月。

表妹请他们等她三个月的原因，是因为她跟原单位的合同还没到期。我说：“你跟单位的合同，不是一个月后就要到期了吗？怎么要人家等三个月？难道你想干两个月义务劳动？”表妹说：“虽然我跟单位的合同只有一个月了，但是我觉得应该给单位足够的时间去寻找接替我的人。”

一个月之后，单位果然还没有招聘到合适的接替者。这不是单位的要求高，他们只想招到一个跟表妹差不多的人——老老实实、勤勤恳恳、任劳任怨的人。虽然还没有找到接替者，但这并不意味着她走不了。

今日感恩

|人|事|物|

感恩日志第___天

签名：

年　月　日

实际上，通情达理的领导尽管舍不得她离开，并且对她的工作给予了很高的评价，但是他们已经意识到耽误她的“前程”是一件不道德的事，既然他们无法给她“好处”，那么他们就没有权力不让别人给她“好处”，所以他们并不阻拦，甚至动员她早点离开，担心再耽误下去，上海那边会变卦。

坦率地说，表妹也想早点离开，早点到上海去挣高工资，可是她是个说话算数的人，她不能把自己的承诺当作一个玩笑。又是一个月过去了，单位领导终于挑选到一个不错的小伙子。但表妹仍然没有急于离开，因为小伙子是个新手，表妹觉得她有责任向他传授自己的工作经验，因此她觉得自己还是不能离开。

若干时日过去了，表妹把她的工作经验毫无保留地传授给了小伙子，直到他能够独当一面，表妹这才依依不舍地去了上海。在离开的头一天，单位全体人员设宴为表妹送行。那是一个令人动容的场面，表妹的眼睛不知红过多少次，因为在频频碰杯的过程中，她不知听到过多少次这样的嘱咐：“如果在上海待不下去了，就回来，这里的大门永远向你敞开。”

今日感恩

人 | 事 | 物　　　　感恩日志第___天

签名：

年　月　日

表妹在上海待了不到四个月，他们的“预言”果然变成了现实。事情发生得太过突然，表妹一点思想准备都没有，搞得她措手不及。到了深夜，她终于忍不住给原单位老总打了个电话。

然而，出乎意料的是，她的话音刚落，老总就在电话那头说：“如果你不嫌待遇低，就回来干。”“可是，你们已经不缺人了……就算您没问题，其他几位领导能同意我回去吗?”“明天我们开会研究一下，你等我的消息。”第二天，表妹得到的消息是：“一致欢迎你回来。”那以后很长一段时间，表妹都没弄明白领导们为什么一致欢迎她回去。

后来表妹才知道，正是她当初诚实的态度成了她“绝路逢生”的“救命稻草”。于是她想：这也许就是人们常说的“种善因，结善果”吧。

今日感恩

感恩日志第___天　　　　|人|事|物|

签名：

年　月　日

感恩故事 52

在美国的亚拉巴马州恩特曾颖镇的公共广场耸立着一座高大的纪念碑，在碑身的正面镌刻着一行金色的大字：

“深深地感谢象鼻虫在繁荣经济方面所做的贡献。”

象鼻虫是何物？它是一种昆虫，一种喜欢生长在棉花地里的害虫。为什么亚拉巴马人要为害虫立纪念碑呢？这要从一场灾难说起。

1910 年，一场特大象鼻虫灾害狂潮般地席卷了亚拉巴马的棉花田，虫子所到之处棉花毁于一旦。那是一幅无比惊心动魄的惨相，棉农们欲哭无泪。亚拉巴马州是美国主要的产棉区，那里的人们世世代代都种棉花，可现在，象鼻虫灾害使人们认识到仅仅种棉花是不行了。如果仅仅种棉花，爆发了象鼻虫灾害，一年的收成就都没了。于是，人们开始在棉花田里套种玉米、大豆、烟叶等农作物。

今日感恩

|人|事|物|

感恩日志第___天

签名：

年　月　日

尽管棉花田里还有象鼻虫，但根本不足为患。少量的农药就可以消灭它们，棉花和其他农作物的长势都很好，结果，种植多种农作物的经济效益比单纯种棉花要高出四倍。

从此，亚拉巴马州的人们再也不单单在地里种植棉花，而是在种植棉花的同时，大量种植一些其他的农作物。亚拉巴马州的经济从此走上了繁荣之路，人们的生活也越来越好。

当地的人们认为，经济的繁荣应该归功于那场象鼻虫的灾害，是象鼻虫使他们学会了在棉花田里套种别的农作物。为此，亚拉巴马州政府决定，建立一座纪念碑，以感谢象鼻虫。

感谢象鼻虫，其实就是感谢那些在不经意间向我们袭来的某种苦难。因此，感谢苦难在一定意义上说也是有道理的。

今日感恩

人 | 事 | 物

感恩日志第___天

签名：

年　月　日

感恩故事53

有一个女孩，大学毕业后，在伦敦漂泊，靠打零工糊口。后来，她与一名记者结了婚，但很不幸，最终丈夫抛弃了她，她带着出生仅四个月的女儿被赶出了家门。在痛苦中，她决定写一套畅销的书，以改变自己的命运。她靠政府的租房补贴租赁了一间简陋的房子，在厨房的桌上完成了第一部作品的手稿。她每天用手推车推着小女儿走半个小时的路，来到市中心的咖啡馆，找一个安静的角落，在女儿熟睡的时候，专心写作。她经受的这些人生之苦，终于使她的灵魂大放光芒。1997年，她的第一部作品一出版就引起了轰动。至今，她的作品已经被翻译成六十多种语言，在二百多个国家和地区行销两亿多册。她被英国女王伊丽莎白授予帝国勋章，美国《财富》杂志曾评选她进入世界百名财富排行榜。她就是畅销科幻小说《哈利波特》的作者JK. 罗琳。她在接受记者采访时说的最多的就是：感谢苦难激活了我内心的灵魂和潜能！

今日感恩

|人|事|物|

感恩日志第___天

签名：

年　月　日

感恩故事 54

有一天，新华社记者前去采访一位知名作家。在谈话中，记者问起他是怎样走上文学道路的。作家沉思了一下，说：“我之所以有今天，最需要感谢的就是别人对我的蔑视。”

二十年前，他还只是某工厂里的一名普通工人，同时是一位文学爱好者。工作之余，他撰写了大量的诗歌、散文，由于没有知音，他只好把自己的作品念给工友们听，工友们听了之后，都嘲笑他是在胡言乱语。

日复一日，年复一年。工友们一个个都娶妻生子了，他还光棍一个，并整天沉浸在自己的文字世界中。一次偶然的机会他得知市里的一位作家正在他们县上开会。他兴奋不已，立刻带上自己的作品，忐忑不安地来到作家住的招待所，用哆嗦的手敲开了作家的房门。听完了他的自我介绍后，作家很不耐烦地说：“我没有时间。”他手足无措，嗫嚅道：“老师，我只是想问您一下，文章要怎样才能够发表？”哪知道，那位市里来的作家一下子大笑了起来：“发表？你也想发表文章？哈哈……”

今日感恩

感恩日志第___天

人 | 事 | 物

签名：

年　月　日

作家笑够了，才不无调侃地说："想发表，就要向报刊投稿。你可以把你的稿子装进信封，贴上邮票，放进信箱，投给《人民日报》或者《人民文学》。"

回家后，他认真地把自己的文章誊写清楚，装进信封，投进了信箱。然而，投出去的稿子大多如泥牛入海。他借来《人民日报》和《人民文学》，每天阅读、揣摩，然后写作。天热了，他把脚伸进水桶里面，躲避蚊虫的叮咬；天冷了，他就裹紧棉被继续写作。直到有一天，当一份沉甸甸的《人民日报》寄到他的手上时，看到自己的名字终于变成了铅字，他顿时泪流满面。

如今，他的文章不仅在中国的报刊上发表，还走出了国门被翻译成多种语言。作家感慨地说："我一辈子都会感谢当年那些工友们的嘲笑以及那位作家的蔑视，也许，他们是在用另一种方式告诉我写作成功的秘诀。"

今日感恩

|人|事|物|　　感恩日志第___天

签名：

年　月　日

感恩故事 55

新希望集团董事长刘永好先生在央视财经频道《解码通向成功的大门》节目中说过："感恩的心离财富最近，感恩的人更容易成功。

"我记得，我母亲 1994 年去世后，我在她的抽屉里面发现了一个小本子，那上面密密麻麻写了很多东西，我仔细看了看，发现那个小本子记着在近 10 年时间我母亲帮助过的周边的村民，包括借给他们一些钱，送给他们一些东西，帮助小学生念书，等等。母亲把省吃俭用积攒下来的钱默默地给了最需要的人，这件事极大地教育了我。

"我们集团搞了一个三十年的年庆活动，这次活动主题叫'感恩之心'，感恩三十年有你，有我，有希望。三十年都过去了，我们四个兄弟创造的企业都做得不错，去年销售额差不多 1500 个亿，也得到方方面面的肯定。但是为什么能够取得这些成就呢？有人说我们能干，有人说我们勤奋，有人说我们比较早地把握了机遇，我觉得这都对。

今日感恩

感恩日志第___天

人 | 事 | 物

签名：

年 月 日

“但是我觉得，首先是一个大的时代，我们感恩这个时代，国家的改革开放使人逐步富裕起来，使得我们从事的事业有个广阔的市场。当然我们感谢我们的消费者，没有他们，我们不可能做到这么多的销售额，我们更感谢我们十多万名员工。

“三十年过去了，我们取得了相当大的成就，当然还要感谢社会。记得 1994 年的时候我在北京，联合了十几名企业家，倡导和发起了扶贫公益事业，如今开花结果，已经对贫困地区做出了很大的帮助和贡献。我的企业也在贫困地区投资超过 30 亿元，应该说，我们证明了我们新一代的这些民营企业家的感恩之心与责任。所以当我的企业发展到第三十年的时候，我把感恩作为我的鼓励。企业有感恩之心的时候，你的员工拥护你，村民拥护你，市场拥护你，政府帮助你。我们的企业取得成功，我想跟我们的感恩之心是分不开的。感恩之心实际也是对我们企业未来发展的一种新的动力，我们通过感恩，回馈社会一些东西，同时得到社会更大的帮助和支持，这也正是我们企业三十年来的经历。”

今日感恩

|人|事|物|　　感恩日志第___天

签名：

年　月　日

感恩故事 56

诺贝尔文学奖得主马尔克斯在没有成名之前穷困落魄，举目无亲，所以只好住在弗兰德旅馆里干着急。肚子饿得实在捱不过去了，就出去捡一些空酒瓶或旧报纸，以换取少量面包。这样的生活他品尝了整整两年，他在痛苦的期待和期待的痛苦中奇迹般地活了下来。由于马尔克斯实在太穷了，仿佛下辈子也还不清长期拖欠的房租，弗兰德旅馆的老板拉克鲁瓦夫妇也许是自认倒霉或该当如此，不但不催不逼，最后似乎还不得不由他一走了之。

后来，马尔克斯时来运转，竟无可阻挡地发达起来。1967 年，《百年孤独》的出版更使他名满天下。一天，身处巴黎某五星级饭店的马尔克斯忽然想起了拉克鲁瓦夫妇，于是他悄悄来到曾经住的地方寻找弗兰德旅馆。

今日感恩

感恩日志第___天

人 事 物

签名：

年 月 日

旅馆依然如故，只是物是人非，他再也见不到拉克鲁瓦先生了，好在老板娘尚健在。她一脸茫然，根本无法将眼前这位西装革履、彬彬有礼的绅士同十多年前的流浪汉联系在一起。为了让她相信眼前的和过去的事实并收下“欠款”，马尔克斯煞费了一番苦心。

再后来，马尔克斯获得了诺贝尔文学奖。他又专程前往巴黎看望拉克鲁瓦太太，而且陪同马尔克斯前去的是拉克鲁瓦夫妇年轻时的偶像——嘉宝。马尔克斯诚恳地告诉拉克鲁瓦太太，她的贡献在于她的善良，她没让一个可怜的文学青年流落街头。他还说，她和拉克鲁瓦先生使他相信：巴黎还有好人，世界还有好人。所以要知恩图报！

今日感恩

人 | 事 | 物

感恩日志第___天

签名：

年　月　日

感恩故事 57

这是发生在德国的一个真实感人的故事。2003 年母亲节，节日的温馨气氛再次燃起了伊特洛孤儿院孤儿德比对母亲的思念。电视上一个 6 岁的小男孩在帮父母修剪草坪，德比对修女说：“我也想帮父母干活，你知道他们在哪里吗？”修女沉默了。德比伤心地跑到街上，街上有那么多母亲，可没有一个母亲是他的。

几个月后，9 岁的德比到附近一所小学读书。一次课上，老师给学生讲了一个故事：“古时有个皇帝爱上围棋游戏，决定嘉奖游戏的发明者。结果发明者的愿望是让皇帝赏他几粒米，在棋盘上的第一格放上一粒米，在第二格上放上两粒米，在第三格上加倍至四粒……以此类推，直到放满棋盘，结果最后一格是 1800 万亿粒米，总数相当于全世界米粒总数的 10 倍。”

今日感恩

感恩日志第___天

|人|事|物|

签名：

年　月　日

这个故事让德比的眼睛顿时亮了。他想如果他帮助一个人，然后请他帮助另外 10 个人，以这样递加爱心，也许终有一天受帮助的那一个人就是自己的妈妈。这个念头令德比异常兴奋，此后他每帮别人做一件好事，别人感谢他时，他总说："请帮助另外 10 个人吧，那就是对我最大的感谢。"

那些受到德比帮助的人对这个孩子充满感激，更对德比这种特殊的传递爱心的方式感到震撼。他们像实现自己的诺言似的，帮助另外 10 个人，一个无形之网就这样在该市民中悄悄地展开了……

德比想不到，自己竟然帮助了德国著名的节目主持人瑞克，并成了德国的名人。瑞克是德国电视台的资深脱口秀主持人。因为激烈的竞争和工作的压力，他患上了忧郁症，他向电视台请了长假。不久，瑞克旅游到了德比所在的城市。有一天，他独自沿着河边散步。突然心脏病发作昏倒在地，多亏在河边钓鱼的德比及时把瑞克送到诊所急救。

今日感恩

|人|事|物|　　感恩日志第___天

签名：

年　月　日

瑞克苏醒了，他万分感激地说："孩子，我该感谢你。"德比摇摇头说："如果你能帮助10个需要帮助的人，就是对我最大的感谢！"瑞克不解地问："可是你真的什么都不要吗？"德比笑着摇头拒绝了。

瑞克此后认真履行着诺言。每次帮助别人，他觉得心里非常快乐，尤其是当别人对他真诚地说一声"谢谢"时，他觉得自己的生命特别有价值。他结束了本来还有大半年的假期，提前回到了工作岗位。所有的同事都惊讶地发现瑞克变了，他变得乐观豁达、乐于助人了。2003年11月，瑞克对观众讲述了10件好事的魔力。最后他哽咽道："请你也去帮助10个人，你的生命将会产生一种奇妙的感觉。"通过电波，人们被这个故事深深触动。2004年1月，德比被请到了演播室。有观众问他："你为什么会有这种想法呢？"德比说了自己的想法，很多现场观众都热泪盈眶。从此，整个德国掀起了一股"做10件好事"的热潮。

今日感恩

感恩日志第___天　　　　|人|事|物|

签名：

年　月　日

感恩故事 58

结束了当天的教学内容后，老师看了看表，还剩 10 分钟，于是决定在课堂上随便问几个问题，训练一下孩子们的语言表达能力。

“感恩节快到了，孩子们，你们可不可以告诉我，你们想要感谢什么呢?”老师让孩子们思考了一会儿，然后开始点名。

“琳达，你要感谢什么?”

“我的妈妈天天很早起来给我做早饭，我想在感恩节那天一定要感谢她。”

“嗯，不错。彼得，你呢?”

“我的爸爸今年教会了我打棒球，所以我特别想感谢他。”

“嗯，能打棒球了，很好！玛丽?”

“无论是上学还是放学，学校的守门人总是微笑地看着我们来来往往。我想，她是个无私的人，虽然她自己很孤单，没有多少人关心她，但她却把关怀的微笑送给我们每一个孩子。我要在感恩节那天给她送一束花。”

今日感恩

人|事|物

感恩日志第___天

签名：

年　月　日

“很好！杰克，轮到你了。”

“我们每年感恩节都要吃火鸡，大大的火鸡，肥肥的火鸡，大家见着都非常爱吃。他们只是大口大口地吃火鸡，却从不想一想火鸡是多么的可怜。感恩节那天，会有多少只火鸡被杀掉呀……”

“能不能简短一些，直接一点，我觉得你跑题了，杰克。”对于一向顽皮的杰克，老师觉得有点儿不妙。

杰克向四周望了一眼，然后胸有成竹地说：“我要感谢上帝，感谢他没有让我变成一只火鸡。”

“哈哈……”老师和同学们都开心地笑了。

今日感恩

感恩日志第___天

|人|事|物|

签名：

年　月　日

感恩故事 59

一个乞丐来到我家门口，向母亲乞讨。这个乞丐很可怜，他的右手连同整条手臂都断掉了，空空的袖子晃荡着，让人看了很难受。我以为母亲一定会慷慨施舍的，可是母亲却指着门前一堆砖对乞丐说："你帮我把这堆砖搬到屋后去吧。"

乞丐生气地说："我只有一只手，你还忍心叫我搬砖。不愿给就不给，何必刁难我?"

母亲不生气，俯身搬起砖来。她故意只用一只手搬，搬了一趟才说："你看，一只手也能干活，我能干，你为什么不能干呢?"

乞丐怔住了，他用异样的眼光看着母亲，尖突的喉结像一枚橄榄上下滑动两下，终于俯下身子，用他唯一的一只手搬起砖来。因为一次只能搬两块，他整整搬了两个小时，才把砖搬完，累得气喘如牛，脸上有很多灰尘，几绺乱发被汗水濡湿了，斜贴在额头上。

今日感恩

人 事 物　　　　感恩日志第___天

签名：

年　月　日

母亲递给他一条雪白的毛巾，乞丐接过去，很仔细地把脸和脖子擦了一遍，白毛巾变成了黑毛巾。母亲又递给乞丐 20 元钱。乞丐接过钱，很感激地说：“谢谢你。”

母亲说：“你不用谢我，这是你凭力气挣的工钱。”

乞丐说：“我不会忘记你的。”然后对母亲深深地鞠了一躬，就上路了。

过了很多天，又有一个乞丐来到我家门前乞讨，母亲又让乞丐把屋后的砖搬到屋前，照样给他 20 元钱。我不解地问母亲：“上次你叫乞丐把砖从屋前搬到屋后，这次你叫乞丐把砖从屋后搬到屋前。你到底是想把砖放在屋前，还是放在屋后?”

母亲说：“这堆砖放在屋前和放在屋后都一样。”

我嘟着嘴说：“那就不要再搬了。”

今日感恩

感恩日志第___天　　人｜事｜物

签名：

年　月　日

母亲摸摸我的头说："对乞丐来说，搬砖和不搬砖可就大不相同了。"此后还来过几个乞丐，我家那堆砖就被搬来搬去。

几年后，有个很体面的人来到我家。他西装革履，气度不凡，跟电视上那些大老板一模一样。美中不足的是，这个老板只有一只手，右边是一条空空的衣袖，一荡一荡的。

老板用一只独手握住母亲的手，俯下身说："如果没有你，我现在还是乞丐，因为当年你教我搬砖，今天我才能成为公司的董事长。"

母亲说："这是你自己干出来的。"

独臂董事长要把我们一家人迁到城里去住，做城里人，过好日子。

母亲说："我们不能接受你的照顾。"

"为什么？"

"因为我们一家人个个都有两只手啊。"

董事长坚持说："我已经替你们买好房子了。"

母亲笑一笑说："那你就把房子送给连一只手也没有的人吧！"

今日感恩

|人|事|物|　　　　感恩日志第___天

签名：

年　月　日

感恩故事 60

没有菜谱的酒店很多。法国巴黎拉维耶酒店没有菜谱，却格外迷人。

如果你心情郁闷，你当然不会向陌生人倾诉。可是这个小酒店的女主人却能一眼从你微颦的眉头看出来。即便有差距，不要紧，女主人会像母亲一样轻言细语，问寒问暖，不厌其烦地倾听你的不如意，甚至恼怒。

如果你喜不自禁，66 岁的女主人会告诉你应该吃点什么，即使你要吃很贵的菜，她也不答应你，还会告诉你大豆是高蛋白食物，苦瓜降血压。她能像你家人一样关怀你，胖人应吃什么，瘦人应吃什么，爱喝酒应适量，爱抽烟应该少抽一点……

她总是考虑你吃什么会对你有好处，然后想方设法满足你，你胃口不好也能多吃一点，而且绝对对你身心有益。

这个小店的这一经营特色，吸引了南来北往的客人。有的顾客不仅变成了常客，还成了小店主人的朋友，来时总要顺便带些好菜，像给家里买菜一样。

今日感恩

感恩日志第___天

人 | 事 | 物

签名：

年　月　日

“小店看似没有特色菜，却有自己最具特色的一道菜——善意关怀。”老客人这样说。

经营管理人员说：“善意奉献，才是对顾客最大的奉献。”

一位记者说：“看来善意是可以传递或者传染的。”

也有人说：“善意不要菜谱，一个眼神、一句话就能让人受用终生。”即使一个人很少有出门在外的时候，但他肯定有有喜有忧的时候。如果你在旅途中遇到这样一份善意关怀，你能不感觉沐浴甘露吗？

相逢何必曾相识，西出阳关无故人。又有谁不需要善意的滋润呢？与其说这酒店是以善解人意为特色，不如说人性中善意的魅力最动人。从利益上的互惠升华到心灵上的互惠，也只有这样的善意最能让人感动。

今日感恩

|人|事|物|　　　　感恩日志第___天

签名：

年　月　日

感恩故事 61

有一个非常有善心的富翁，他在盖房子的时候，特别设计了很大的房檐，他想这样做，那些无家可归的穷人，就可以在他的房檐下暂时躲避一下风雨。房子建好以后，的确有很多穷人来到他的屋檐下。因为人很多，所以非常嘈杂，给富翁一家的生活带来了不便，他的家人和这些人也有过多次口舌之争，彼此闹得很不愉快。

冬天，一个老人在房檐下被冻死了。那些和富翁家有过口角的人都议论纷纷，骂他为富不仁。富翁一心想做件好事，却遭到了众人的唾骂。

后来，一次刮台风的时候，一般的房子都没有什么事，因为富翁的房子屋檐特别大，结果被掀了顶。那些与富翁心有芥蒂的人有点儿幸灾乐祸，纷纷说这是报应。

富翁汲取了教训，重新修葺房屋的时候，他就把屋檐盖得很小，并且把省下来的钱建了一间很小的房子。

❤ ❤ ❤ ❤

今日感恩

感恩日志第___天 | 人 | 事 | 物 |

签名：

年 月 日

这间小房子虽然很简陋，但许多贫苦无家的人都在这里得到了暂时的庇护，临走的时候都对盖房子的人非常感激。

后来，富翁就因为他的善心，方圆百里都有很好的口碑。富翁心里明白：施人余荫只能让人感觉这是施舍，让受施者感觉有仰人鼻息的自卑感，自卑就演变成了敌对。而慈善也要以合适的方式出现，让受施者维持自己的尊严才能够恩惠别人，让别人接受你的慈善并且感恩。

春秋末期晋国著名刺客豫让最强调感恩报恩。因为对自己有知遇之恩的智伯被赵襄子所杀，豫让认为“士为知己者死”，决心刺杀赵襄子为智伯报仇。

第一次攻击失败以后，他用漆疮烂身体，吞炭弄哑声音，残身苦形，使妻子不识，然后寻找接近赵襄子的时机。

第二次行刺仍以失败告终，但是被捕的豫让说：“明主不掩人之美，忠臣有死名之义。”他请求赵襄子借衣服让他砍一刀。赵襄子脱下了贵族的华服，豫让拔剑三跃而击之，然后伏剑自杀。

今日感恩

|人|事|物|　　　　感恩日志第___天

签名：

年　月　日

感恩故事 62

美国《福布斯》杂志曾连续五年评选他为中国最富有的企业家。人们关注最多的，是他在马来西亚辉煌的发迹史。只是很少有人知道，他的情义和传奇经历源于44份带着一个普通人爱心的晚报。

1990年，一位喜欢冒险的中国青年来到马来西亚。来这之前，青年已经身家过亿。他打听到，这儿发现了一个大型油气田，准备修一条高级公路。如果这个项目成功，则会带动公路两边的土地大幅度升值。经过仔细分析之后，青年做出了一生中最冒险的一个决定：利用所有资产担保向银行贷款，拿到公路两边土地的开发权。

4个多月过去了，油气田的立项依然没有结果，青年如坐针毡。这时候，他手间的盘缠已经所剩无几，住所由五星级酒店搬到四星级，再到三星级，最后连旅馆也住不起了。为了省钱，他打算租用旅馆的一个小仓库，每天只吃最便宜的盒饭，再找机会偷偷溜到旅馆的大厅里看当天的晚报。

仓库的管理员是一位老华侨，对于他的处境非常同情，不仅免了他的房租还每天将自己订的一份晚报带给他看。这样的日子一晃过了44天，青年的心也一天天走向绝望，甚至产生过自杀的想法。

今日感恩

感恩日志第___天

|人|事|物|

签名：

年　月　日

那天，青年意外地得知老华侨并不识字，这 44 份晚报是特意为他买的，顿时心里一热，仿佛看到一线温暖的光将自己从死亡的边缘拉了回来。晚上，他认真地翻看着报纸，其中一条消息让他兴奋得差点没背过气去：油气田立项了！随后，在一周之内，青年所买的土地价格翻了一番，他的生活一下子由地狱又回到天堂。

暴富后的青年第一个想到的是老华侨，他准备了一只信封，里面是一套当地最高档别墅的钥匙。当他把信封交到老华侨手里的时候，老华侨摇摇头：“我只是给你买了 44 天的报纸，为什么值得你送这样的大礼呢?”青年说：“那 44 份晚报，是我一生中得到的最珍贵的帮助和关怀，就凭你的爱心，你有资格得到它。”老华侨依然摇摇头：“谢谢你的好意，我已经习惯了现在的生活，不想去住那种地方。真正值得你报答的，也不是我，而是帮助你的这个社会呀。”

这位青年，就是后来被誉为“情义商人”的李晓华，他成了中国最有名的企业家和慈善家之一。

今日感恩

|人|事|物|　　　　感恩日志第___天

签名：

年　月　日

感恩故事 63

格林尼亚生于法国西北的瑟堡，是典型的富二代。父亲是一家造船厂的老板，整天忙于发财，对子女溺爱有余，管教不足。格林尼亚从小游手好闲，整天混迹于街头，不把学习放在心上，是一个名副其实的公子哥。由于长相英俊，花钱出手大方，格林尼亚在情场上春风得意，总能讨得异性的欢心，把一个个漂亮的姑娘吸引到身边。

然而在这个世界上，拥有金钱并不意味着就拥有一切，相貌堂堂也未必就能赢得尊重。在一次午宴上，格林尼亚走到出众的美女波多丽面前调侃。与以往每次都获得美人心相反的是，他不但没有赢得波多丽的欢心，反而遭到了一番奚落："请你走远一点，我就讨厌像你这样的公子哥在眼前晃荡！"

一句充满蔑视的话，如同一把匕首捅在心头。他长期以来处于休眠状态的羞耻心一下子惊醒过来。格林尼亚陡然意识到：家庭的富有并非个人的荣耀，要赢得真正的尊重，需要用努力去争取。

今日感恩

感恩日志第___天

人 事 物

签名：

年 月 日

这年格林尼亚 21 岁，为了摆脱家庭溺爱带来的松懈，他决定换一个生活的环境，遂留下一封书信表明心迹："请不要打听我的下落，相信通过刻苦学习，我一定会干出些成就来的。"

格林尼亚由瑟堡来到里昂，两年修完耽误的全部课程，取得里昂大学插班就读的资格。投入校园的生活，他倍加珍视来之不易的机会，这引起了化学界权威巴尔的注意。在名师的指点下，他进行了一系列的实验，很快就发明了格氏试剂，被学校破格授予博士学位。这一消息轰动了法国，也让格林尼亚的父亲备感欣慰。

又付出四年的辛劳，格林尼亚取得了卓越的成绩，1912 年他被授予诺贝尔化学奖。波多丽得知这一喜讯，在病榻上提笔给他写了一封贺信："我永远敬爱你！"就这么一句话，让格林尼亚激动万分。他永远感激这位美女当初对他近乎侮辱的训斥。

我们要感谢羞辱，羞辱让我们得到成功，让我们得到荣耀，让我们得到赞赏。让我们学会做一个懂羞辱的人吧！

今日感恩

|人|事|物|　　　　感恩日志第___天

签名：

年　月　日

感恩故事64

双休日，儿子俯在书桌上写作文，半晌没写一个字，只望着白纸发呆。我偷偷瞄了一眼，发现作文题是《今天你最感激谁》。心想，老师真会出题，写这种作文能让孩子明理懂事，在孩子的心田播下感恩的种子。

我们家境不算好，孩子他爸下岗后开了一家小书店，儿子上高中后要手表、要自行车只管向爸妈伸手，仿佛爸妈是取之不竭的“银行”，要钱仿佛都是理所当然，问心无愧。一次，为了跟同学攀比穿名牌衣服，竟开口要1000元，被他爸训斥了几句后，就赌气几周不同家人说话。儿子冥思苦想良久，忽然回头问道：“妈，你说我今天最感激谁?”我让他认真想想。他没好气地说：“我坐在自己家里，一没接受谁的施舍，二没要别人帮助，凭什么要我去感激他人?”儿子认为这个作文题出得毫无道理。儿子的冷漠让我忧虑。我告诉他，每个人打出娘胎来到人世，就无时无刻不在接受世界赐予的恩惠，譬如你今天坐在室内不受日晒雨淋之苦，就该感谢攀援在脚手架上的建筑工人；你打开空调享受清凉，不受酷热的折磨，就该感谢冒着高温检修线路的电力工人；甚至连一杯解渴的白开水、一块擦汗的手绢都凝聚着他人对你的关爱。儿子不以为然：“这不都是花钱买来的吗?”

今日感恩

感恩日志第___天　　　　人｜事｜物

签名：

年　月　日

他认为自己不欠谁，不求谁，过的是“银货两讫”的日子，用不着向谁感恩。可是，儿子，你可曾想过这钱是从哪里得来的？是大水冲来的吗？是天上掉下来的吗？我告诉儿子：“上初一的时候，你从学校二楼平台摔下来，右腿骨折，花掉5000多元的住院费。那时候，你的爸爸刚下岗，为了你不致残废，他挺着瘦弱的身子去码头上扛水泥，每天扛200多包，累得气喘如牛，几次险些栽进江里。200多包水泥就是2万多斤呀，一天的苦力只够交你半天的医药费，那一张张沾满血汗的钞票，都是用命拼来的。孩子，你康复出院的时候，何曾向爸爸说过一声感谢？”儿子脸红了，低声说：“连爸爸也要感谢吗？”我说：“连爸爸都不感谢的人怎么会感谢别人？”古人说：“每天清晨一炷香，谢天谢地谢三光。”连天、地、日、月、星辰都应该感谢，何况人呢？”儿子沉默了，陷入了深深的思考。傍晚时候，儿子的作文写出来了。最后一段，儿子写道：“感恩是积极向上的思考和谦卑态度。当一个人懂得感恩时，便会将它化为行动，并因感恩而感到快乐。一颗感恩的心，就是一颗和平的种子，感恩是人与人之间的和谐因子。”

不管儿子对自己笔下的话语懂得多少，看过之后，我还是舒心地笑了。

今日感恩

|人|事|物|　　　　感恩日志第___天

签名：

年　月　日

感恩故事 65

越人寇不韦为避兵灾逃至剡溪。困顿中，徘徊于天姥山下的他与妻子在一棵极其繁茂的大树下住了一夜，第二天清晨，寇不韦举起斧头想砍下树枝当柴烧。妻子阻止他说："我们能活下来，多亏了它。我们应该像敬仰自己的慈母一般感激它。"

一个行路人因为太疲惫，躺在路边睡着了。不久，一条毒蛇从草丛里钻了出来，爬向了那个沉睡的路人。眼看熟睡的路人就要死在蛇吻之下，就在这时，一个过路人经过这里，他打死了那条毒蛇后，没有惊醒行路人的好梦，就静静走开了。行路人一生都生活在别人的恩泽之中，但他却永远也不会知道那熟睡时发生的一切。

今日感恩

人 | 事 | 物

感恩日志第___天

签名：

年　月　日

感恩故事 66

“感恩”在我心中一直是“感谢恩人”的概念，“恩人”者，乃于己有大恩大德者。而在美国的一次偶遇却让我悟出了感恩的另一层含义。

那是在洛杉矶的一家旅馆。早晨，我在大堂的餐厅就餐时，发现自己的右前方有三个黑人孩子在餐桌上埋头写着什么。在就餐的时间、就餐的地方，这三个孩子却没做与吃饭有关的事。我难以按捺心中的好奇，试探着走了过去。在这些孩子的应允下，我坐在了他们旁边。

看到我这样一个肤色不同的外国人的到来，他们没有一丝扭捏，而是落落大方地和我谈了起来。这三个孩子中的一个约莫十二三岁、戴眼镜的男孩是老大，一个八九岁的女孩是老二，另外一个五六岁的小男孩是老三。从谈话中我了解到他们和母亲是暂时住在这家酒店里的，因为他们正在搬家，新房还未安顿好。当问他们在做什么时，老大回答正在写感谢信。他一副理所当然的神情让我满脸疑惑。

今日感恩

|人|事|物|　　感恩日志第____天

签名：

年　月　日

这三个小孩一大早起来写感谢信？我愣了一阵后追问道："写给谁的？""给妈妈。"我心中的疑团一个未解，一个又生。

"为什么？"我又问道。

"我们每天都写，这是我们每日必做的功课。"孩子们回答道。

哪有每天都写感谢信的？真是不可思议！我凑过去看了一眼他们每人手下的那沓纸。老大在纸上写了八九行字，妹妹写了五六行，小弟弟只写了两三行。再细看其中的内容，却是诸如"路边的野花开得真漂亮""昨天吃的比萨饼很香""昨天妈妈给我讲了一个很有意思的故事"之类的简单语句。

我心头一震，原来他们写给妈妈的感谢信不是专门感谢妈妈给他们帮了多大的忙，而是记录下他们的幼小心灵中感觉很幸福的一点一滴。他们还不知道什么叫作大恩大德，只知道对每一件美好的事物，都应心存感激。

今日感恩

感恩日志第___天　　　人｜事｜物

签名：

年　月　日

他们感谢妈妈辛勤的工作，感谢同伴热心的帮忙，感谢兄弟姐妹们之间的相互理解……他们对我们认为是理所当然的许多事都怀有一颗感恩的心。

其实，感恩不一定要感谢大恩大德，感恩是一种生活态度，一种善于发现美并欣赏美的道德情操。人生在世，不如意之事十有八九。如果我们囿于这种“不如意”之中，终日惴惴不安，那么生活就会索然无趣。相反，如果我们像这些孩子一样，拥有一颗感恩的心，善于发现事物的美好，感受平凡中的美丽，那么我们就会以坦荡的心境、开阔的胸怀来应对生活的酸甜苦辣，让原本平淡的生活焕发出迷人的光彩。

我们常常不会轻易对我们身边的人表达感情，甚至是和我们最亲近的人。如果你有爱的人，请别吝啬给他们一个拥抱。

今日感恩

|人|事|物|

感恩日志第___天

签名：

年　月　日

首先恭喜您完成“108 天感恩日志”！
这是世界上独一无二的伟大作品，
这是你生命的日志，
而你，就是它唯一的作者。
在这部作品当中，
记录了你生命成长中的点点滴滴，
是你人生当中最精彩的一段记忆！
108 天，坏习惯消失不见；
108 天，养成了良好习惯；
108 天，逐渐远离了抱怨；
108 天，感恩铭记在心间！
是你的坚持，
有了今天的硕果；
是你的用心，
有了今天的收获。
举起双手为自己鼓掌，
为了这 108 天的成长，
也为了下一个 108 天的辉煌！

关于海星的故事

很久以前，在美国的一个小岛上，每天到了落日的黄昏，一位来此度假的老人总是可以看见一个小朋友在海滩上不断地弯下腰去拾起什么东西，然后丢向大海……老人不以为然，想着这个男孩可能是太调皮了。

在老人度假的这一个月里，每晚都会来这个海滩散步，享受大自然带给人们的美好及浪漫，每晚都会看到那个小男孩熟悉的背影。

在好奇心的驱使下，老人忍不住慢慢走近，想看看这个孩子每天都将什么东西丢进大海。当老人走近小男孩的时候，老人发现小男孩正在把海浪冲到沙滩上的小海星扔进大海。

老人觉得很奇怪，就问这个小男孩："小朋友，你在做什么啊？"

小男孩笑着对老人说道："老爷爷，您看这些海星被海水冲到沙滩上了，没有水它们会因为缺氧而窒息死亡的，所以我在救海星啊！"

老人家很善意地对小男孩说道："小朋友，你知不知道，在这个地方一天被海水不断冲到沙滩上来的海星有数亿个，你这样一个一个地拾有什么用呢？被你救的只是一个，而一个浪花打上来的海星数量却是你救的多少倍啊！孩子，你这样做没有用的。"

小男孩什么话也没有说，他弯下腰又拾起了一颗海星扔到海里，然后迎着黄昏的晚霞，绽放出那灿烂的笑容，天真地对老人说道："老爷爷，您看我又救了一颗海星……"

当这个故事在小岛上被人们传开后，每到黄昏，越来越多的人加入到拯救海星的行动中来，越来越多的人陪着这个小男孩，一起到海边去救一颗又一颗被海浪冲到岸边的海星。

知道这个孩子是谁吗？他的名字就叫 EMO（伊母）。

我亲爱的朋友们，看看我们身边的“海星”吧！还有多少被搁置在海滩上，你愿意目睹他的“死亡”吗？生命是一场感召的游戏，来吧！让我们一起加入到这个行列中，让我们弯下身躯，去捡起那一个又一个被搁浅的“海星”吧！

至此，你还要完成最重要的一篇感恩日志，那就是写给你的 EMO 的感恩日志。

是谁送给了你这本书？

是谁影响你开始写感恩日志？

是谁把“冲到”沙滩上的你，送回感恩的大海里？

给他（她）打一通感恩的电话，发一条感恩的信息，写一张感恩的卡片。

亲爱的 EMO：________

____

____

____

____

____

____

____

____

____

____

你的海星：________

时间：____年__月__日

我们都能成为别人生命中的 EMO

一个人的成功不算成功，帮助更多的人成功才是成功；

一个人的幸福不是幸福，帮助更多的人幸福才是真正的幸福。

此刻，让你成为你生活环境的感恩的源泉，由你开始，去影响你周围的人。

此刻，让你也成为 EMO，去寻找你的海星吧！

把你认为最需要影响的 10 个人的名字写在下边，并送给他们这本《感恩日志》，让他们也和你一样开始新的神奇之旅、幸福之旅，和你有同样的成长、同样的收获！他们在未来的某一天一定会深深地感谢你！

海星一

姓名：________

与你的关系：________

《感恩日志》开始时间：____年____月____日

海星二

姓名：________

与你的关系：________

《感恩日志》开始时间：____年____月____日

海星三

姓名：________

与你的关系：________

《感恩日志》开始时间：____年____月____日

海星四

姓名：________

与你的关系：________

《感恩日志》开始时间：____年____月____日

海星五

姓名：________

与你的关系：________

《感恩日志》开始时间：____年____月____日

海星六

姓名：________

与你的关系：________

《感恩日志》开始时间：____年____月____日

海星七

姓名：________

与你的关系：________

《感恩日志》开始时间：____年____月____日

海星八

姓名：________

与你的关系：________

《感恩日志》开始时间：____年____月____日

海星九

姓名：________

与你的关系：________

《感恩日志》开始时间：____年____月____日

海星十

姓名：________

与你的关系：________

《感恩日志》开始时间：____年____月____日

列出 50 种恩福

1. 感恩________________因为____
2. 感恩________________因为____
3. 感恩________________因为____
4. 感恩________________因为____
5. 感恩________________因为____
6. 感恩________________因为____
7. 感恩________________因为____
8. 感恩________________因为____
9. 感恩________________因为____
10. 感恩________________因为____
11. 感恩________________因为____
12. 感恩________________因为____
13. 感恩________________因为____
14. 感恩________________因为____
15. 感恩________________因为____
16. 感恩________________因为____
17. 感恩________________因为____
18. 感恩________________因为____

19. 感恩________________因为_______________________________________

20. 感恩________________因为_______________________________________

21. 感恩________________因为_______________________________________

22. 感恩________________因为_______________________________________

23. 感恩________________因为_______________________________________

24. 感恩________________因为_______________________________________

25. 感恩________________因为_______________________________________

26. 感恩________________因为_______________________________________

27. 感恩________________因为_______________________________________

28. 感恩________________因为_______________________________________

29. 感恩________________因为_______________________________________

30. 感恩________________因为_______________________________________

31. 感恩________________因为_______________________________________

32. 感恩________________因为_______________________________________

33. 感恩________________因为_______________________________________

34. 感恩________________因为_______________________________________

35. 感恩________________因为_______________________________________

36. 感恩________________因为_______________________________________

37. 感恩________________因为_______________________________________

38. 感恩________________因为_______________________________________

39. 感恩________________因为_______________________________________

40. 感恩________________因为_______________________________________

41. 感恩________________因为_______________________________________

42. 感恩________________因为_______________________________________

43. 感恩________________因为_______________________________________

44. 感恩________________因为____

45. 感恩________________因为____

46. 感恩________________因为____

47. 感恩________________因为____

48. 感恩________________因为____

49. 感恩________________因为____

50. 感恩________________因为____

感恩的魔力

也许能让你的生活变得更加幸福的秘诀就是，你每天花费几分钟所坚持的那些小习惯。这些小习惯是如此神奇，它们要求很少，给予却颇多。下面五个简单的秘诀会让你变得更加幸福。

一、停下来

第一步是每天都停下来问问自己以下问题：

今天我有什么值得感谢的人和事？三人行，我该感谢谁？为什么？

如果你追不上别人的步伐，也没有关系。如果你能进步一点，那最好了。不要过分追求数量，花费点时间，看自己收获了什么。

二、认识自己

不要总看别人，要认识自己。对自己抱有一颗感恩的心同样可以提升自信和自我满足感。

问问自己：自己做过的哪些事值得感谢？你的自我感恩之情不必全是来自于工作或学习中取得的成就。你可以因为自己的幽默感恩，也可以出于自己是一个很好的听众、能帮助别人解除痛苦而感恩。

三、近距离地观察那些值得你感恩的事

不要只注意这些大而且明显的事，注意一下那些虽然小却同样值得感恩的

事吧。

问问自己：今天值得我感恩的小事有什么？又有什么事因为我的感恩而变得更容易让人感动了呢？瞪大眼睛看这些感恩的日常小事，它可以让你见识到生活真正的美。

四、每天早上或晚上都去做

一种能让你坚持感恩的简单方式就是每天早上醒来就用1分钟找到3件值得你感恩的大事小情。另外一种方式就是在晚上花几分钟去记录3~5件让你感恩的事。用你闲散的时间坚持一个月，看看它到底会给你的生活带来什么影响。

五、表达你的感恩

不要把你的感恩藏在心里，表达出来！表达出你的感恩，会让别人也快乐，之后快乐就会变得可传递。而且，他们眼神里洋溢的欢乐也会让你变得快乐。

现在，感恩只是个小圆圈，但是它可以变得很大，足以影响一个人的一天、一月、一年，甚至是一生。

践行 · 感悟 · 分享

感恩是一种选择，一种生活，一种态度。感恩我所有的朋友，感恩我生命中出现的贵人。因为感恩，我们才会更快乐；因为感恩，我们才会更幸福；因为感恩，我们才会更从容。因为感恩，我们才会更强大。爱出者爱返，福往者福来。用感恩之心传播爱的力量，用感恩之心影响身边的环境，创造和谐之美。

——于海　心理咨询师　家庭教育指导师　企业教练

每天都怀着感恩的心去为人处世，让自己变得越来越平和、快乐，幸福感日益增加，一个又一个感恩故事感动着我，激励我前行。公司很多员工都在每天坚持写《感恩日志》，感恩凝聚企业的精神，感恩传承企业的文化，一本小小的《感恩日志》正在悄悄地改变世界！

——孙新杰　山东一诺医疗器械有限公司总经理

在坚持写《感恩日志》的这四个多月中，我学会了自我反思，学会了站在别人立场看问题，学会了感恩和付出，并且认识了很多怀有正能量的朋友；生活中少了很多抱怨，我变得乐观、积极、充满自信，遇到问题学会了接受，做事情顺利很多！突然明白，当我好了，一切就都好了，我是一切的根源！我愿意加入《感恩日志》团队，以我为源头，传播感恩，影响周围环境，共同创造一个感恩的世界！

——张莉　河南驰龙实业有限公司董事长

《感恩日志》已经写到第 130 天了，从开始的形式到现在的习惯，让我有了很大的收获和改变。我会用快乐指引生活，用观念导航人生，用执着追求事业，用真诚对待朋友，用努力追求幸福，用感恩对待生活。感恩生命中遇见的每一个人、每一件事。“种”上好的行为，收获好的习惯，得到好的人生！让我们带着感恩的心精彩生活每一天！

——滸之　石家庄幸福生活馆馆主　心理咨询师

都市心灵修炼者

我以前的生活常常处在一个忙乱奔跑的节奏中，有时快，有时慢，总是觉得停不下来，很累却没有方向。自从遇到《感恩日志》，我学会了对生活感恩，每一天都成了一个节点，能够在写日志的那一刻静下心来，回顾一天发生的事情，是那样地令人感动。人活一世，就要心存感恩，就要知恩图报，回报父母，回报公司，回报社会，回报国家！

——李金伦　金晔食品有限公司董事长

通过写《感恩日志》，给自己身边的人带来了很多正能量与喜悦，通过写《感恩日志》自己活得更加幸福、充实，通过写《感恩日志》自己更加有信心及包容心；通过写《感恩日志》自己逐渐放下包袱，放下抱怨，努力创造一个和谐的人际关系。生命不息，《感恩日志》不停。我是一个激情、自信、有爱的女人，我 / 我们承诺创造一个和谐有爱的世界！

——张塞君　北京海德融龙信息咨询服务部总经理

一开始本想着试一试，可是让我没想到的是，这一开始后，就一直没有停下来。因为，当我每天都怀着感恩的心去为人处世、待人接物，我发现我的生活变得越来越快乐、幸福、平和。感恩常有，幸福常在！

—— 冯斌　太原市利舟电梯工程有限公司总经理

在这个物欲横流的社会中，我们的心灵该何处安放？唯有心里装满感恩的时候，才会让精神和物质一起进步。感恩是内心涌起的一股暖流，《感恩日志》是唤醒心灵觉醒的一种工具，如果我们都能坚持 108 天，再分享给身边的朋友，那么大家都会形成感恩的习惯，如此递增，和谐自己，和谐家庭，和谐社会。让我们一起通过感恩来创造人生的丰盛！

——商郡桐　创造丰盛国际研究院山东督导

自从接触《感恩日志》以后，我觉得这种每天记录的方式非常好，也推荐给周围的家长们。希望每位家长都能接收到正能量，传递给孩子，每个孩子都是未来，家长成长好了，孩子自然也就好了。感恩让我获得了智慧人生，感恩让我明白幸福的秘诀。感恩之心，既能幸福他人，也能快乐自己！

——赵帝　山东万商城房地产开发有限公司营销总监

第一天承诺开始写《感恩日志》是有压力的，甚至都有些后悔，这需要每一天的坚持。但是，当我每天晚上睡觉之前静下心来去感恩的时候，我发现每一天是那样的美好。通过写《感恩日志》，我发生了很大的变化，无论是工作还是生活。我的变化也影响了我的女儿，女儿也学会了感恩，给孩子一个好的品格比什么都重要！我愿意感召更多的父母写感恩日志，影响更多的孩子！

——王一中　济南芯盛科技有限公司总经理

《感恩日志》让我心态平和了很多，也能够接纳和包容更多的人和事。在工作和生活中，无论发生什么，我总能用感恩的心态去面对，不再像以前一样消极和抱怨。我学会了如何运用感恩的能量去吸引人生中更多美好的事物，也因此让我的人生发生了很大的变化。同时，我也影响了我身边的很多朋友开始去写《感恩日志》，当看到他们也有收获的时候，我也非常开心。我愿意把这件事情一直坚持下去，并不断去影响更多的人！

——Tery（王杰）　慧恩咨询有限公司销售冠军　金牌主持

108公益基金会执行会长

《感恩日志》城市发起人计划

传播正能量　助推中国梦

【缘起】

各位有缘的朋友，大家当下好！

我叫边立国，是《感恩日志》中国发起人。我从2013年7月22日开始，每天晚上写一篇《感恩日志》，风雨无阻，坚持至今。一路走来，也影响了身边越来越多的朋友加入这个大家庭中，其中年龄最大的七十岁，年龄最小刚的上小学二年级，他们每天也都在记录自己感恩的点点滴滴。当我看到越来越多的人因每天坚持写《感恩日志》人生有了很大的成长的时候，我有了一个发心：20年的时间影响1亿人每天都能心怀感恩的生活！基于这个发心和梦想，我发起了“《感恩日志》城市发起人计划”，即：在每个城市寻找一位发起人来推广《感恩日志》，如果您认可感恩并且愿意践行感恩、共同完成这个伟大的梦想，欢迎您加入《感恩日志》的大家庭！

【口号】

让感恩成为一种习惯，

让报恩成为一种行动！

【立场】

我/我们承诺创造一个感恩的世界！

已发起《感恩日志》的城市有：

北京、天津、重庆、贵阳、兰州、昆明、厦门 、南宁、银川、哈尔滨、太原、大同、成都、苏州、包头、石家庄、唐山、廊坊、杭州、义乌、长春、吉林、沈阳、大连、广州、深圳、郑州、济南、青岛、潍坊、淄博、烟台、威海等近100座城市。

我们一起坚持做下去：

5年可以影响一座城市，

10年可以影响一个国家，

20年可以影响这个世界！

我有一个梦想：

用 20 年的时间，

影响全球 100000000 人开始写感恩日志！